U0750074

基于生涯发展的高校教师心理契约管理机制研究

邹 蕾 著

浙江工商大学出版社 ZHEJIANG GONGSHANG UNIVERSITY PRESS | 杭州

图书在版编目（CIP）数据

基于生涯发展的高校教师心理契约管理机制研究 /
邹蕾著 . — 杭州 : 浙江工商大学出版社 , 2022.6
ISBN 978-7-5178-5022-9

Ⅰ . ①基… Ⅱ . ①邹… Ⅲ . ①高等学校－教师心理学
－研究 Ⅳ . ① G443

中国版本图书馆 CIP 数据核字（2022）第 114053 号

基于生涯发展的高校教师心理契约管理机制研究
JIYU SHENGYA FAZHAN DE GAOXIAO JIAOSHI XINLI QIYUE GUANLI JIZHI YANJIU

邹　蕾　著

责任编辑	王黎明
封面设计	尚阅文化
责任校对	韩新严
责任印制	包建辉
出版发行	浙江工商大学出版社
	（杭州市教工路 198 号　邮政编码 310012）
	（E-mail : zjgsupress@163.com）
	（网址 : http://www.zjgsupress.com）
	电话 : 0571-88904980 , 88831806（传真）
排　　版	浙江时代出版服务有限公司
印　　刷	浙江全能工艺美术印刷有限公司
开　　本	710 mm × 1000 mm　1/16
印　　张	14
字　　数	208 千
版 印 次	2022 年 6 月第 1 版　2022 年 6 月第 1 次印刷
书　　号	ISBN 978-7-5178-5022-9
定　　价	49.00 元

本书出版得到全国教育科学规划办课题基金资助

项目名称： 基于生涯发展的高校教师心理契约管理机制研究

全国教育科学规划教育部重点课题

课题编号：DIA170377

特此感谢！

序

当我的学生邹蕾邀请我为她的专著作序时，我是欣然答应的。作为老师，最高兴的莫过于看到自己的学生在学术上不断进步。

邹蕾已经研究生毕业十多年了。我作为她的研究生导师，负责她的部分专业课的教学和毕业论文的指导。她好学勤恳，毕业论文等级为优。我记得论文答辩时，她曾经说过："研究生毕业并不是我研究生涯的结束，恰恰是开始。"她是这么说的，也是这么做的。工作中，她善于发现问题、思考问题、研究问题。毕业至今，她时常联系我，请教关于课题申报或是论文研究等方面的问题。我都一一给予指导与答复。有一次，她对我说："金老师，非常感谢您在我学生时代和毕业后一直予以悉心指导。您担任大学的校领导，却没有一点架子，仍然百忙之中抽空帮我收集文献，指导我申报课题选题。令人感动！您既是学问深厚、令人敬佩的导师，也是亲切和蔼、富有个人魅力的兄长。亦师亦友，能成为您的学生真是太幸运了！"这些细小的帮助，在我看来是老师的本职，但是在她心里却留下了深刻的印象，激励着她在科研道路上坚定前行。作为她的老师，我感到欣慰。也许在入学那一天，师生之间也已经缔结了心理契约：师者传道授业解惑，不遗余力；学生勤勉好学奋发，以谢师恩。

本书撰写的内容与她自己的职业发展有关。高校教师作为知识分子中的一个重要群体，他们的心理契约现状与高校教师职业发展密切相关。心理契约是人力资源重要的内驱力，研究高校教师的心理契约对促进高校人力资源管理、助力高校高质量发展，具有重要的作用。

巨大的社会、经济变革带来了高校雇佣体制与用人机制的变革，同时也深刻地改变着组织和员工之间的经济契约和心理契约。心理契约比经济契约更大程度地影响着员工对组织的态度与行为。因此，在当前的文化和社会背景下，探讨雇佣关系中的心理契约有着理论和现实的双重意义。其核心内容是双方互惠互利的责任。传统心理契约的核心内容是：员工努力工作并对组织忠诚，组织提供长久的工作保障。而新的心理契约中增加了灵活性、公正性、自我依赖性、工作丰富化、自我实现等要求。

高校教师是一个特殊的知识型团体，他们具有自己独特的知识结构和心理特征，他们希望通过高校的平台实现自己的人生价值；这就需要一种科学严谨又富有人情味的管理方式来实现教师与高校组织的发展愿景。心理契约以其刚柔并济的协调性容纳了两者的需求，为教师的价值实现和高校的管理开辟了新思路。高校教师的职业生涯发展是我国高校人事管理的重点工作之一，也是新时期高等教育发展必须应对的挑战之一。

专著以心理契约为研究高校教师职业发展的切入点，定性研究和定量研究结合，具有一定的理论意义和实践意义。本书运用关键事件技术法收集并列举引发教师心理契约违背的关键事件、心理契约违背调节方式，动态研究心理契约与职业生涯的关系。本书作者认为，高校教师职业发展是一个动态的过程。职业生涯的内外动力是一个互动的且在不同职业发展阶段呈现不同特点的系统。本课题探究心理契约视角下教师职业发展内部动力与外部动力的交互作用规律，挖掘初期入职、职业倦怠期、职业高原期、职业退出期等阶段教师的心理契约状况与职业发展困境，具有较强的现实意义。书中提出的构建满足不同职业发展阶段特点的教师心理契约激励体系，对激发教师职业发展内驱力具有一定指导价值，有助于高校在管理教师职业生涯的同时亦获得学校持续发展的竞争力。

希望读者能够在这本书中得到一些启迪和思考。

祝愿我的学生们能够在科研的道路上勤恳耕耘、不断收获。

教授、博士生导师　金杨华

2022 年 9 月

目 录

第一章 绪论

第一节 研究背景与意义

一、研究背景

我国目前正处在社会转型时期，巨大的社会、经济变革带来了雇佣体制与用人机制的变革，同时也深刻地改变着组织和员工之间的心理契约。而作为维系员工与组织关系的心理纽带，心理契约的改变势必影响到员工对于组织的态度与行为。因此，在当前的文化和社会背景下，探讨雇佣关系中的心理契约有着理论和现实的双重意义。心理契约是指，在组织与员工的相互关系中，员工所感知到的彼此为对方承担的责任。它包括两个方面的内容："组织责任"和"员工责任"。其核心内容是双方互惠互利的责任。传统心理契约的核心内容是：员工努力工作并对组织忠诚，组织提供长久的工作保障。而新的心理契约中增加了灵活性、公正性、自我依赖性、工作丰富化、自我实现等要求。

高校教师是一个特殊的知识型团体，他们具有自己独特的知识结构和心理特征，他们希望通过高校的平台实现自己的人生价值；这就需要一种科学严谨又富有人情味的管理方式来实现教师与高校组织的发展愿景。心理契约以其刚柔并济的协调性容纳了两者的需求，为教师的价值实现和高校的管理开辟了新思路。高校教师的职业生涯发展是我国高校人事管理的重点工作之一，也是新时期高等教育发展必须应对的挑战之一。

二、研究意义

（一）理论意义

第一，二维视角研究心理契约。根据系统论的观点，成功的职业生涯是内部因素和外部因素的有机结合。根据心理契约的"组织—员工"二维维度，职业生涯的发展动力也可以相应分为生涯的内部动力和外部动力。职业生涯的内部动力指的是职业生涯的自我管理，外部动力指的是组织为员工提供职业发展的保障与激励。

第二，采用数据追踪，动态研究心理契约与职业生涯的关系。高校教师职业发展是一个动态的过程，包括最初的入职适应期，中期的职业倦怠期、职业高原期。职业生涯的内外动力是一个互动的且在不同职业发展阶段呈现不同特点的系统。以往的研究往往大多单从员工层面来分析，缺乏情境性与动态性。

第三，西方心理契约管理理论在中国高校教师生涯管理中的本土化应用。中国在职业生涯管理方面的实践和研究都还处于起步和探索阶段，原因在于中国高校在规模、外部环境、教师管理等方面都与西方国家有着较大的差异。本书立足于中国经验，通过对西方心理契约量表的修正与本土化，为西方心理契约管理理论在我国的本土化应用提供可能。我国目前基于心理契约视角的创新性的研究工作开展仍有很大空间；对现实性问题进行的研究较充分，理论层面的研究成果相对较匮乏。因此，在中国社会文化的管理情境之下将西方心理契约理论与中国高校师资管理实践相结合具有一定的理论意义。

（二）现实意义

第一，激发教师自我发展的理念与实践路径探索，即激发内动力。生涯管理是教师实现自我价值的具体体现。教师对自己的职业生涯进行管理可以看成是一个动态连续的过程，管理策略具体包括创造机会，扩展工作投入、进行自我展示、寻求职业指导、建立人际网络等。

第二，构建满足不同职业发展阶段特点的激励体系，即挖掘外动力（包含显性激励和隐性激励、正向激励与负向激励）。高校积极采取各种有效策略，在管理员工职业生涯的同时亦获得学校持续发展的竞争力。基于心理契约的教师生涯管理可以提高教师的工作满意度、组织归属感，进而提升工作绩效。不可否认，不少教师曾体验过或正在体验心理契约违背感。心理契约的违背必然带来工作满意度与组织忠诚度的下降，这将直接影响高校教师的工作管理效率，甚至造成人员流失。因此，设计体现高校教师特点的心理契约量表并实证分析教师心理契约违背事件对其职业发展的影响机理具有一定现实意义。传统的以薪酬和晋升为主的激励机制已经不能满足教师成长的多元需求。职业生涯管理是对教师成长的可持续的激励模式。教师的职业生涯管理是职业发展内外动力相互合作的结果。

第三，加强我国高校教师激励的实践研究，也是适应高等教育国际化发展的迫切需要。高校教师作为一个特殊的群体，在高校人事分配制度改革中面对的压力不断增大，心理契约结构也在发生改变。加强我国高校教师激励的实践研究，对于加快我国高校教师管理工作的国际化步伐，提高我国高等学校的办学质量，推动我国高等教育事业长远发展有着重要的意义。

第二节　国内外研究现状与趋势述评

一、心理契约

近 20 年来涌现出的大量心理契约研究基本上是在狭义定义框架下进行的，研究的内容涉及契约的结构、发展、变化、违背等多个方面（例如 Rousseau，1989；Robinson，Kraatz & Rousseau，1994；Turnley & Feldman，1999；Gakovic & Tetrick，2003；Hui，Lee & Rousseau，2004；陈加洲、凌文轮和方俐洛，2003；朱晓妹、王重鸣，2005）。汪林（2008）对 675 位民营家族企业员工进行问卷调查，结果显示心理契约违背与员工的组织承诺、工作满意度以及工作绩效显著负相关；中国人的传统性在这些关系中起调节作用，即关系强度对于传统性低的员工要大于传统性高的员工。心理契约当前的研究焦点是心理契约的内容构成，心理契约的动态发展过程（姚辉，2014；李原，2008）。本书正是将生涯管理放在动态发展的视角下进行数据的追踪分析，研究教师不同职业时期的心理契约变化。

二、职业生涯

余琛（2008）指出职业生涯发展是组织与个体心理契约相互协商的结果。近期国外学者对职业生涯的研究主要集中在三点：一是员工如何进行职业生涯的自我管理；二是组织如何进行职业生涯管理；三是职业生涯管理的成功如何衡量及其影响因素是什么。实际上，第三个问题也是对前两个问题的综合，即职业生涯成功在于组织的职业生涯管理与员工的自我管理两种力量的耦合，即内外动力的和谐交互。

三、高校教师职业现状

本书作者（2013）指出，教师的心理契约与组织的心理契约有差异，是导致心理契约违背的重要原因之一。对教师的激励需要建立在妥善处理心理契约违背感的基础之上。综上，目前对教师职业生涯的研究尚存在一些不足：一是对高校教师职业发展的规律认识不够。相当一部分研究未能切实认清教师职业发展的内涵与特点。二是对高校教师职业发展的研究大都停留在高校应该如何激励教师、防止人才流失上。深层次原因，尤其是基于心理契约的职业发展探析和对策建议尚需深入研究。鉴于目前国内对教师职业发展，特别是基于心理契约视角的生涯管理尚缺乏深入研究，本书以高校教师为研究对象，选用性别、婚姻状况、学历、年龄、职称、工龄等指标将样本分类，探讨不同人口特征、不同职业阶段高校教师的职业生涯自我管理与组织的生涯管理，即内外动力的互动，以期为组织制定基于心理契约的高校教师职业生涯管理对策提供参考。

第三节　相关概念的界定与解释

一、心理契约

当前的心理契约领域中存在着广义和狭义的概念。Rousseau 等人提出心理契约的单边关系，即心理契约的狭义界定。"心理契约这一术语指的是，在组织与员工互动关系的情境中，员工个体对于相互协议中的内容和条款的信念。"（Rousseau，1989）"简单地说，心理契约包括了那些员工相信雇主（或组织）期望他们做什么，以及当他们做了这些工作时相信自己能得到什么。"（Rousseau & Greller，1994）"心理契约是在组织与员工的互动的关系情境中，员工个体对于相互之间的责任与义务的知觉和信念系统，这种信念系统受到组织的影响。"（Roussseau，1995）

本书采用心理契约的广义定义："组织与个人在互相关系之中，所感知到的彼此为对方提供的责任"（Herriot & Pemberton，1995、1997）。在这一概念中有四点需要说明：第一，心理契约是对"客观实际互相责任"的"主观感知"，我们关注这种因人而异的主观认知，因为正是主观的感知决定了人的行为，比如离职。第二，心理契约中包含内隐的、模糊的、没有明说的责任，如提高个人成长的空间；也包括外显契约中明文的内容，如组织支付员工的薪酬。第三，心理契约不同于期望，对员工心理契约的调查中并不是问他们期望组织履行的义务，组织履行了多少，而是问组织曾经承诺的义务，组织履行了多少，这里的承诺不仅指组织做出的书面或口头的保证，也包括那些愿意履行义务或提供利益的暗示。第四，心理契约是互动过程，通过互惠责任把雇佣双方紧密联系在一起（李原，2002）。

二、心理契约违背感

"心理契约违背感"指的是"员工对于组织对他们承诺的责任却没有兑现的感知"（Rousseau，1995），或"员工对于组织承诺的责任和实际承担的责任之间差异的感知"（Turnly，1999）。在本研究中，我们对"心理契约违背感"的操作定义是：心理契约违背感＝员工感知到的组织承诺的责任—员工感知到的组织兑现的责任。

三、生涯发展

生涯是指人的一生中与工作相关的活动、行为、态度、价值观、愿望的有机整体。美国组织心理学教授施恩（Edger H. Schein，1987）将职业生涯分为外职业生涯和内职业生涯。内职业生涯是指在职业生涯发展中通过提升自身素质与职业技能而获取的个人综合能力、社会地位及荣誉的总和。它是别人无法替代和窃取的人生财富。外职业生涯是指在职业生涯过程中所经历的职业角色（职位）及获取的物质财富的总和。它是依赖于内职业生涯的发展而增长的。

人的职业意识与要求并不是在面临就业时才形成的，而是早在童年时就孕育了职业选择的萌芽，随着年龄、资历和教育等因素的变化，人们选择职业的心理也发生变化。职业发展可以分为几个连续的阶段，每一阶段都有其一定的特征和职业发展任务。生涯发展指一个人依据心中的长期目标所形成的一系列工作选择，以及相关的教育或训练活动，是有计划的职业发展历程，是终生经历的所有职位的整个历程。职业生涯包括个人对工作职业的选择与发展，对非职业或休闲活动的选择与追求，以及在社交活动中参与的满足感。

四、离职

Price（1977）曾经给出广义的离职定义："个体作为组织成员状态的改变"。雇员流入组织、晋升、降级、组织内平级转岗以及流出组织都属于此范畴，把它译成"雇员流动"更能反映这个定义的外延。

在理论界，研究者大多遵循、引用莫布雷（Mobley，1982）对离职的狭义定义："从组织中获取物质受益的个体终止其组织成员关系的过程"。

在离职的学术研究中，按不同的视角对离职有不同的分类方法。按是否自愿可以分为自愿离职和非自愿离职（Price，1977）。按是否对组织（企业）有益可以把自愿离职进一步分为对组织（企业）有利的良性离职和对组织（企业）不利的非良性离职。另外，离职可分为内在的离职意愿（即产生离职的想法）和外显的离职行为（即实际的离职表现）。

本书采用离职的狭义定义："从组织中获取物质受益的个体终止其组织成员关系的过程"。就离职的分类而言，属于"外显的、自愿的、流出组织的离职"，不包括"组织内不同部门之间"的晋升、降级，或组织内平级转岗。

五、离职倾向

Porter & Steers（1973）表示"离职倾向"是当员工经历了不满意以后的下一个退缩行为。Mobley（1977）认为，员工经历了不满意以后的下一个步骤是离职念头，而离职倾向则在好几个其他步骤（离职念头、寻找工作机会、评估比较其他工作机会）之后，是实际离职行为前的最后一个步骤。Mobley, Horner & Hollings worth（1978）认为，离职倾向是工作不满意、离职念头、寻找其他工作倾向与找到其他工作可能性之总和表现。

本文对离职倾向的定义是："员工产生在未来某个不确定的时间将自动离职的心理倾向。是工作不满意、离职念头、寻找其他工作倾向与找到其他工作可能性之总和表现。"

六、组织承诺

组织承诺探讨的核心是员工为什么愿意留在组织中。而员工心理契约探讨的核心内容是员工对于雇佣关系中互相责任与义务的知觉与信念系统。两者的共同之处在于都是站在个体的角度来探讨员工与组织的关系，把员工个体视为研究的主体。两者的差异在于组织承诺研究的内容是单向的，而心理契约研究的内容是双向的、相互的责任，其理论基础为社会交换理论与公平理论。

七、组织公民行为

组织公民行为指的是这样一些行为，它们不是雇佣契约中规定员工必须去做的角色内行为，它们不一定在组织的奖励机制中得到明确体现和认可，但是无疑是有利于组织的。具体包括利他、谦恭、公正慷慨、好公民品德、尽责。组织公民行为是对"好兵"的行为研究，心理契约则强调"好兵"与"好部队"之间的互惠关系。

八、生涯的自我管理

对员工个人而言，为了满足自己发展的要求，根据自己的实际，在组织内外寻求职业自我完善的过程，包括员工自己主动实施的、用于提升个人竞争力的一系列方法和措施（龙立荣等，2002），即自我职业生涯管理（Individual Career Management，ICM），它是个体在职业生命周期（从进入劳动力市场到退出劳动力市场）的全程中，职业发展规划、职业策略、职业进入、职业变动和职业位置的一系列变量构成的总和。出于对企业是否能长期提供工作岗位的忧虑，员工不得不考虑自己的职业前景。一方面，员工感到有必要接受职业生涯指导；另一方面，员工感到需要发展自身的能力，以保证可以继续被雇佣。Hall 和 Moss（1998）认为，现在自我职业生涯管理越来越重要，而且与过去相比，从观念到内容都在发生变化，职业生涯管理主体也在发生变化，即职业生涯发展将主要由个人管理，而非组织管理。因此，研究自我职业生涯管理，目的是提高员工追求职业发展的主动性和技巧性，鼓励员工对自身的职业发展负责。

九、生涯的组织管理

对组织而言，为了自身战略发展的需要，协助员工规划其职业生涯的发展，并为员工职业生涯发展设计通道，提供必要的教育、培训、轮岗、晋升等发展机会，即组织职业生涯管理（Organizational Career Management, OCM）。组织职业生涯管理，是指组织帮助员工制订职业生涯规划和帮助其职业生涯发展的一系列活动。职业生涯管理的实质就是把员工职业生涯规划的制订和实施、调控，纳入组织的人力资源规划体系中。

第二章 理论发展与研究综述

第一节 职业生涯与职业阶段理论

一、职业生涯理论

"职业生涯"一词译自英文单词"career"，根据《牛津词典》的解释原有"道路"之意，可以引申为个人一生的道路或进展途径。中文翻译为"职业"一词的英文单词有 occupation、vocation、career、profession、work、employment、job 等。occupation、vocation、employment 三词为静态的职业分类，指有一定收入、相对稳定的劳动。work、job 一般译为"工作"，是具体的概念。profession 指专业化程度很高的职业。

几十年来，很多学者从不同角度对职业生涯给出了不同的定义。沙特尔（Shartle，1952）指出，职业生涯就是指一个人在工作生活中历经的职业或职位的总称。麦克弗兰德（McFarland，1969）认为，职业生涯指一个人依据心中的长期目标所形成的一系列工作选择，以及相关的教育或训练活动，是有计划的职业发展历程，是终生经历的所有职位的整个历程。霍得和班那兹（Hood & Banathy，1972）指出，职业生涯包括个人对工作世界职业的选择与发展，对非职业或休闲活动的选择与追求，以及在社交活动中参与的满足感。霍尔（Hall，1976）认为，职业生涯是指一个人终其一生，伴随工作或与职业有关的经验与活动。塞普尔（Super，1976）论述道：职业生涯是生活里各种事件的演进方向和历程，它统合了个人一生中各种职业和生活角色，由此表现出个人独特的自我发展形态。它也是人生自青春期至退休后，一连串有酬或无酬职位的综合，除了职位之外，还包括与工作有关的各种角色，如学生、退休者，甚至包含了副业、家庭和公民的角色。韦伯斯特（Webster，1986）指出，职业生涯指个人一生职业、社会与人际关系的总称，即个人终生发展的历程。

20 世纪 50 年代，E.Gvinzberg（1951）、D.E.Super（1957）等人发表生涯发展和职业选择理论。

（一）职业生涯选择理论

1.择业动机理论

美国心理学家佛隆（Victor H.Vroom）在 1964 年出版的《工作和激励》一书中提出了解释员工行为激发程度的期望理论，并将这一理论用来解释个人的职业选择行为，具体化为择业动机理论。择业动机取决于职业效价和职业概率，即：择业动机 =f（职业效价，职业概率）。

2.职业性向理论（人职互择理论）

美国霍金斯大学心理学教授约翰·霍兰德（John Holland）在 1971 年提出了具有广泛社会影响力的职业性向理论。这一理论认为，对组织和个人都适宜的职业可以通过寻求个性与组织环境的要求之间的最佳配置方式而推测出来。职业满意度、稳定性和实际成就取决于个性与职业特点的匹配程度。因此对从事某种职业的人们所具有的共同特征进行研究，结果表明，人们各自有一组特征可以表明他们从事何种职业最合适，能取得有效成果。

（二）职业生涯发展理论——年龄阶段理论

1.萨柏的终身职业生涯发展阶段理论

萨柏（Super）是美国一位有代表性的职业管理学家，他从终身发展的角度出发，结合职业发展形态，将人的职业生涯发展划分为五大阶段：成长阶段、探索阶段、建立阶段、维持阶段、衰退阶段。

2.格林豪斯的不同任务发展过程理论

格林豪斯从人生不同年龄段职业生涯发展所面临的主要任务的角度将职业生涯发展简洁明了地划分为 5 个阶段：职业准备阶段、进入组织阶段、职业生涯初期、职业生涯中期、职业生涯后期。

3.金兹伯格的职业意识发展过程理论

美国著名的职业生涯发展理论先驱、职业心理学家金兹伯格（Ginzberg），通过人的童年到青少年阶段的职业心理发展过程的研究，将个体职业心理的发展划分为幻想期、尝试期和实现期三个阶段，从而揭示了个体早期职业心理或职业心理意识。

（三）职业生涯发展理论——职业锚理论

美国著名职业指导专家埃德加·施恩（EdgarH. Schein）首先提出"职业锚"的概念。他认为，职业生涯发展实际上是一个持续不断的探索过程。在这一过程中，每个人都根据自己的天资、能力、动机、需要、态度和价值观等，慢慢地形成较为明确的与职业有关的自我概念。随着一个人对自己越来越了解，这个人就会越来越明显地形成一个占主要地位的职业锚（career anchor）。职业锚就是当一个人不得不做出选择的时候，他无论如何都不会放弃的职业中的那种至关重要的东西或价值观，是一种"自省的才干、动机和价值观的模式"，是自我意向的一个习得部分。具体而言，是个人进入职业生涯早期工作情境后，由习得的实际工作经验所决定，并在经验中与自省的才干、动机、需要和价值观相结合，逐渐发展出的更加清晰、全面的职业自我观，以及达到自我满足和补偿的一种长期稳定的职业定位。因此，职业锚是个人和工作情境之间早期相互作用的产物，只有经过个体若干年的实际工作后才能被真正地发现。施恩根据对麻省理工学院毕业生的调查研究，提出5种基本的职业锚。

1. 技术 / 职能型职业锚

其特点是：（1）强调实际技术、职能等业务工作。（2）拒绝一般管理工作，但愿意在其技术、职能领域管理他人。（3）追求在技术、职能能力区的成长和技能不断提高，其成功更多地取决于该区域专家的肯定和认可，以及承担该能力区日益增多的富有挑战性的工作。

2. 管理权威型职业锚

其特点是：（1）追求承担一般管理性工作，且责任越大越好。（2）具有强烈的升迁动机和价值观，以提升、等级和收入作为衡量成功的标准。（3）具有分析能力、人际沟通能力和情感能力的强强组合。（4）对组织有很大的依赖性。

3. 安全稳定型职业锚

其特点是：（1）追求安全、稳定的职业前途。（2）对组织具有较强的依赖性。（3）个人职业生涯的开发与发展往往会受到限制。

4. 变革创新型职业锚

其特点是：（1）有强烈的创造需求和欲望。（2）意志坚定，勇于冒险。（3）同其他类型的职业锚存在着一定程度的重叠。追求变革创新型职业锚的人要求能施展自己的特殊才干，要有管理能力，但创造才是他们的主要动机和价值观。

5. 独立自主型职业锚

其特点是：（1）希望随心所欲地安排自己的工作方式、工作习惯、时间进度和生活方式，追求能施展个人职业能力的工作环境，最大限度地摆脱组织的限制和约束。（2）追求在工作中享有自身的自由，认为组织生活太限制人，是非理性的，甚至侵犯个人私生活。（3）与其他类型的职业锚有明显的交叉。

二、不同职业发展阶段的教师特征

（一）教师职业阶段研究

高校教师不是一个孤立存在的主体，而是在师生关系互动和建构过程中实现其职业生涯的延续与发展的。一般，根据工作年限可以将教师职业生涯发展阶段划分为四个主要时期：适应探索期、发展成长期、高原倦怠期、成熟稳固期。高校教师职业生涯发展的周期超越，需要畅通内外循环路径，促进其职业生涯发展周期的长久持续性与动态平稳性。不同职业阶段的教师的职业发展、职业表现、职业承诺（自我管理）、组织公民行为等方面的特点有所不同。国内外学者对教师的职业阶段进行了分析。张慧、余琛等指出，从主观角度分析，教师个人的职业态度、职业归属感和职业满意度也会对教师的教学能力发展产生重要影响。

教师职业发展阶段，以入职为起点，在教师不同的成长阶段，因发展基础和条件不同，有着不同的发展目标和诉求，从而表现出不同发展特征。以教学年资为主要参考依据，费斯勒将教师发展分为职前期、职初期、能力建构期、热情与成长期、职业挫折期、职业稳定期、职业消退期、职业离岗期八个阶段，这是一个较为完整的纵贯教师整个职业生涯的理论框架。伯林纳以教师经验的形成为考察依据，指出教师教学专长的发展可以划分为新手教师、熟练新手教师、胜任型教师、业务精干型教师和专家型教师五个阶段，各阶段具备一定的典型性特征。

1. 职业适应期教师

处于这一发展阶段的教师职业发展的主观愿望比较强烈，知识吸纳、经验接受的速度较快，家庭责任对职业发展的负面影响也相对较小。对学校而言，应该抓住这个时间段加强对教师的培训；培训学习后，教师很快将所学应用于教学中，培训效果明显。这一时期，由于对学校各方面情况了解甚少，教师对职业规范所知有限，对跟实际工作密切相关的知识、经验和技能掌握不多，遇到的困难大多与适应并完成教学、管理工作有关。这一时期，教师面临着身份转换之后的心理不适和职业陌生感，是专业发展较为困难的时期。

2. 职业成长期教师

处于这一阶段的教师逐渐适应了学生学情，逐渐积累了一定的课堂教学经验，愿意尝试实施教学改革与创新，并在教学实践中初步形成了自己的教学风格。对于部分从高校毕业后直接从教的教师而言，由于对生产领域的技术应用和职业发展动态掌握不多，其指导学生进行专业生产实践的水平受到制约，"双师"素质亟待提升。教师逐渐适应了自己的工作，对教育教学工作有一定的认识，能够比较自如地驾驭课堂教学，初步形成了自己的教学风格和教学模式。在这一时期，教师的压力和不适逐渐消失，在教学技能方面不断提高，能够比较自信地应对工作。

3. 职业维持期教师

由于学生学情和教学模式相对固定，处于这一时期的教师对教学的好奇心相对减弱，逐步分化为两类：一类比较安于现状，职业发展内驱力需进一步提升；另一类尝试突破自我，积极利用各种外部条件刺激自身改善原有教学策略和技巧，主动研究对接产业现状，积极投身于产校融合、校企合作等活动中，部分拥有较好人际基础的教师愿意在团队中与他人切磋交流。在内、外部良性环境的不断激发下，后者进一步成长、成熟，逐渐成为专业带头人和领军人物。他们希望在专业发展上有更大的突破。这一时期，更多的教师积极参加继续教育与学习，反思和检讨传统的教育理念和方法，灵活地应用各种教学技能并衍生出新的教学方式，逐渐冲破旧理念、旧习惯的束缚，实现了自我突破和超越。

4. 职业成熟期教师

教师不断实现自我突破，成果不断积累，系统提炼和总结自身发展的成果经验，物化成果不断丰富，成长为教学名师。教学经验的积累达到较高状态。这类教师将发挥自身名师效应，将经验和正能量传递给组织中其他人员，带动和辐射整个团队共同发展。这一时期的教师表现出明显的职业稳定性，凭借其丰富的教学经验、灵活的教学技能和扎实的教学理论，在长期的教育教学研究中，结合自身优势，逐步发展新的教学方法和教育思想形成独特的教育教学模式，成为领军人物。

5. 职业生涯高原期教师

相关学者认为，教师职业生涯指教师的职业胜任力、能力、素养、工作满意度等随时间而发生的变化，与此同时，其心理体验与心理发展也随之改变。有研究者研究发现，工龄在三年之内的新教师，其教龄与教学能力往往是成正比的，曲线上升；在随后的三年间，其发展趋势普遍呈平稳发展态势；但在第六年以后，教师群体的教学成就便会逐渐呈现多元分化的态势。第一部分人追求卓越，其教学水平会得到升华，逐步"成名、成家"；第二部分人，也就是大部分人，其教学水平和教学效果会原地不动，吃老本；第三部分人，也是少数人，对工作懈怠，产生离职倾向或工作重心转移。后两类教师所呈现的状态就是职业生涯的高原期。

高原期会影响教师的专业成长和职业发展，表现为：情感枯竭，教书育人对其不再有吸引力，缺乏内驱力；工作带来的成就感甚少，转而从照顾家庭或兼职赚钱中获得成就感；产生了强烈的职业倦怠或离职倾向。

三、职业探索期

（一）职业探索理论

D. Super 认为，职业探索是个人发现自己与工作世界之间的认定。这种认定是个人透过工作或者工作世界所提供的资料及刺激，对其本身的需要、兴趣、性向、价值、工作角色以及能力作澄清的活动。职业探索是个人对自我特质、职业、工作内涵以及个人与环境和资源关系的认知行为，以便对未来职业发展目标的确立有更明确的导向。在职业理论中，职业探索问题已成为重要的研究领域。职业探索是否充分，直接决定着职业的成熟和职业适应。职业探索的理论分为两大类：一是职业探索的社会认知理论；二是职业探索的发展理论。

1. 职业探索的社会认知理论

Gelatt 等人认为，职业探索是职业决策的一个重要阶段，是对职业选择的认定、评估、验证和信息的收集。在这个阶段，个体需借助丰富多样的探索活动了解自己的兴趣、能力及职业世界，并逐步建立一种个人与工作平衡统一的状态。

Krumboltz 认为，职业探索是一个信息收集或职业问题的解决行为，这种行为是通过对专业能力、工作性质和环境等信息的收集来降低职业选择的不确定性。

2. 职业探索的发展理论

D. Super 等人根据生涯模式的研究，将生涯发展划分为五个阶段：成长期、探索期、建立期、维持期和衰退期。其中职业探索是职业发展的一个重要阶段，是个体在职业发展过程中有目的、有意识地不断加强对自己和外部环境的认识和了解的行为活动。在这个阶段，虽然职业目标尚未确立，但是职业选择的范围在不断缩小。从时间上来分，职业探索可分为三个时期：实验期、过渡期和尝试期。在实验期，个人综合认识和考虑自己兴趣、能力与职业社会价值、就业机会，开始进行考虑并进行择业尝试。在过渡期，大多数青年正式进入劳动力市场或培训机构，试图补充对职业的自我概念的看法；尝试期已经选定了一个适合自己特点的工作，并且已经开始在该领域进行工作，把它当成自己的终身事业。

Ginzberg 认为，在职业探索的兴趣期，个体对职业的选择是模糊的；而在能力期，个体逐渐认识到自己独立完成工作的能力与职业的关系。两个时期都是通过探索行为来完成的。

1990 年，Super 修正了他的理论，引入了"循环"和"微循环"概念。他认为，从成长到衰退的 5 个阶段是一般性的规律，而具体到某个人，他在每个阶段内都可能存在从"成长"到"衰退"的循环。一个大学一年级的新生，必须适应新的角色与学习环境，经过"成长"和"探索"，"建立"了较固定的适应模式，但大学生活之后，又开始面对另一个阶段——准备求职。原本适应的习惯会逐渐衰退，继而对新阶段任务又要进行"成长""探索""建立""维持"与"衰退"，如此周而复始。

社会认知理论从静态、微观的角度阐明职业探索是个体为了职业问题的解决或职业决策所进行的探索行为，强调个体对信息的收集和对自己及外界环境的评估、验证，达到人—职的平衡和同质，最终确定职业目标。职业探索的发展理论从生命全程角度探讨生涯形态的建立，把职业探索看成是一个发展、动态、循环和再循环的过程，在这个过程中，职业探索既在人生的整个大循环中，又在每个循环的微循环里。

（二）职业探索的结构与测量

1. 职业探索结构的测量

在早期，Super 把职业信息收集行为作为职业探索的测量维度。1963 年，Super 将职业探索的认知分为两个过程、三个方面，两个过程分别是对选择的细化和晶化。细化是寻求确认尽可能多的问题解决方案；晶化是根据自己的能力、兴趣和价值观选择方案。三个方面包括职业选择的一致性、职业选择的确定性和职业选择的信心。这为我们提供了职业探索的认知维度。

Jepsen 认为，职业探索结构的测量主要来自两个人的观点：

一是 Jorddan 对职业探索的多维度定义。职业探索不仅是一种认知活动，也是一种应对行为，是有目的有意识地不断加强对自己和外界环境的了解，收集自我和环境的信息，不断对自我和环境进行验证的行为。自我探索和环境探索是同一个过程的两个不同方面，仅仅进行环境探索或自我认知都不能囊括职业探索的内涵。

二是 Krumboltz 的信息加工观点。他认为职业探索是一种信息加工的过程。信息加工理论由三部分组成：第一部分是认知要素结构，包括对自己了解、对行业了解、对决策技能了解等，其中自我了解和行业了解是决策技能和微认知建立的基础；第二部分是信息加工；第三部分是对职业行为的启动、协调、监控，根据最好的方案设计行动方案。

2. 职业探索的维度

Stumpt 提出了职业探索认知、行为和情感三个维度，并于 1983 年编制了职业探索问卷。职业探索的信念包括六个纬度：就业的前景，职业探索结果的确定性，外部探索的手段，内部探索的手段，获得信息的方法和对理想职位重要性的认识。职业探索过程包括七个纬度：对环境和自我的探索，系统探索，探索频率，获得信息数量，可供选择的数量和探索的重点，即探索什么，如何探索，探索目标的明确性。职业探索的情感包括三个纬度：信息的满意度、探索的压力和决策的压力。这个问卷首先被 Blustein 于 1988 年在青少年身上进行测量。1997 年 Taveira 所进行的因素分析基本支持了此理论的假设，其信度和效度达到了测量学的要求。该研究是职业探索维度研究中最系统的研究。1997 年 Taveira 采用了 CES 新的版本测量葡萄牙人的职业探索，进一步验证了这个问卷的结构。

四、职业高原期

（一）职业高原的类型

"职业高原"的概念最早是由美国职业心理学家弗朗斯于 1977 年从晋升的角度定义的，认为职业高原是指个体进一步晋升的可能性较小的职业生涯发展阶段。职业高原既包括垂直晋升流动的停滞，又包括水平横向流动的停滞。后有学者提出了新的见解，从责任角度定义职业高原，指承担更多更大责任的可能性很小。研究者对职业高原的定义主要是从晋升、流动和责任这几个角度进行的。学者将职业高原的结构分为两类：个人高原和组织高原。个人高原是指组织认为员工缺乏晋升必备的能力、条件和动机造成的职业高原；组织高原是指因组织提供给员工职业发展的机会较少，对员工职业发展的需要无法满足，从而导致了员工的职业高原现象的产生。也有学者将职业高原分为内容高原和结构高原两类。内容高原是指由于工作本身问题，员工的知识、技能和职责不能得到进一步的提升而导致员工缺乏晋升的能力和动机造成的职业高原；结构高原是指由于组织层级问题，员工无法晋升导致的职业高原。也有学者将职业高原分为以下三类：结构高原、内容高原和个人高原。结构高原是指由于组织的结构不合理限制了员工的发展，不受员工的控制，是最复杂的职业高原；内容高原是指由于员工对从事的工作所需要具备的知识和技能熟练掌握后，缺乏进一步学习发展知识技能的动机从而表现出的个体在职业发展上的停滞状态；个人高原是指因个体生活上的静止造成个体在职业发展上的停滞。

（二）职业高原与其他变量关系研究

1. 职业高原与人口统计变量关系的研究

人口统计变量主要包括教育水平、工作年限、年龄和性别。在对职业高原的研究中，人口统计变量中的工作年限和年龄与职业高原的关系得到的结论比较一致，多数学者证明工作年限和年龄对职业高原有显著影响，而人口统计变量中的其他变量与职业高原的关系得到的结论分歧较大。有研究表明处于职业高原期的员工一般年龄更大，任期时间更长。

2. 职业高原与其他非人口变量之间的关系研究

非人口变量包括职业满意度、工作绩效、离职倾向和组织承诺、工作满意度等。学者对非人口变量与职业高原的研究中发现，只有职业满意度与职业高原的关系得到的结论比较一致，而其他变量与职业高原的关系存在分歧。学者对职业高原和职业满意度的关系得到一致的结论，两者存在负相关关系。

第二节　心理契约研究综述

一、心理契约概念的发展

（一）心理契约的概念

组织心理学家 Argyris（1960）首先在其《理解组织行为》一书中，用"心理契约"来说明雇员与雇主之间的关系，但他并未对这一概念进行明确的界定；Levinson 等人（1962）明确提出心理契约是"组织与员工之间隐含的、未公开说明的相互期望的总和"。他指出，"这些期望都有内隐的特性，其中一些期望，如工资，在意识上清楚些；另一些期望，如长期的晋升，则比较模糊"。由于 Levinson 对于心理契约概念发展上的贡献，人们称其为"心理契约之父"。Kotter（1973）将心理契约界定为"存在于个人与组织之间的一份内隐协议，协议中指明了在彼此关系中一方期望另一方付出的内容和得到的内容"。Schein（1965，1978，1980）把它界定为"时时刻刻存在于个体与组织之间的一系列没有明文规定的期望"。上述观点均认为心理契约是双方（组织与员工）对于相互之间责任和义务的理解与期望，它包括两个水平：员工个体（或雇员）对于相互责任的期望；组织（或雇主）对于相互责任的期望。个体水平上的心理契约界定起来比较容易，不过，在如何确定组织水平的心理契约上一直存在着争论，争论的焦点在于——什么人和什么事能代表组织水平的期望。由于在如何界定组织水平的心理契约上存在争论，以 Rousseau 为代表的一些研究者认为，有关心理契约的研究应该集中在员工水平上进行。他们指出，组织作为契约关系中的一方，其作用在于提供了形成心理契约的背景和环境，但它本身是一个抽象的系统，并不像人那样具有形成心理契约的认知加工过程。如果用组织代理人（如雇主、高层管理者）代替组织会出现一定的偏差，因为员工是与组织而不是与组织代理人之间形成契约关系。这些研究者将心理契约具体界定为：在组织与员工互动关系的情境中，员工个体对于相互之间责任与义务的知觉和信念系统（Rousseau，1989）。该界定仅仅建立在个体水平上，因此被称为心理契约的狭义定义。由于这种界定简单而易于操作，因此为实证研究带来了一定的方便。以 Rousseau 为代表的研究者在这一方面进行了大量的实证研究。不过，Herriot & Pemberton（1995，1997）则不同意 Rousseau 等人提出的心理契约的单边关系（即只考虑员工水平上的认知和期望），而强调心理契约应定位在个体与组织两个方面。他们认为，心理契约是"组织与个人在相互关系之中，所感知到的彼此为对方提供的责任。这种知觉或来自于对正式协议的感知，或隐藏于各种期望当中"。

概括来说，到目前为止，对于心理契约的内涵依然存在着广义和狭义两类界定（见表2.1），尚无统一界定。有人强调心理契约是员工与组织两方的双边关系，认为心理契约是双方的相互期望，称之为彼此责任的信念系统，用相互责任的认知与知觉来界定。有人则强调员工一方的单边关系。这种状况对心理契约的理解造成了混乱，为心理契约的研究带来了困难。

表 2.1　心理契约的概念界定举例

"如果工头意识到即使在被动领导下，工人也会产生最佳的生产效率，而且，如果员工也认可这一点的话，则（我们）可能假设工人和工头之间会形成一种可以称作'心理的工作契约'的关系。"（Argyris，1960）
"组织与员工之间一系列期望的总和，契约双方甚至可能自己都没有清楚地意识到它们，但这并不影响它们对于相互关系的决定作用。"（Levinsonetal，1962）
"存在于个人与组织之间的一份内隐协议，协议中指明了在彼此关系中一方期望另一方付出的内容和得到的内容。"（Kotter，1973）
"心理契约的概念指的是，任何时刻都存在于组织中不同成员之间的，组织中不同管理者之间的一系列没有明文规定的期望。"（Schen，1980）
"心理契约这一术语指的是，在组织、员工互动关系的情境中，员工个体对于相互协议中的内容和条款的信念。这里的关键有两点：其一是个体相信双方之间做出了承诺；其二是这是一种互动过程，即通过互惠责任把雇佣双方紧密联系在一起。"（Rousseau，1989）
"简单地说，心理契约包括了那些员工相信雇主（或组织）期望他们做什么，以及当他们做了这些工作时相信自己能得到什么。"（Rousseau & Greller，1994）
"心理契约是在组织与员工的互动的关系情境中，员工个体对于相互之间的责任与义务的知觉和信念系统，这种信念系统受到组织的影响。"（Roussseau，1995）
"在雇佣关系中，组织与个人对于隐含在关系中的责任的感知。"（Herriot & Pemberton，1997）
"（心理契约）是员工对于自己与组织之间互惠责任的理解和信念，这种理解的基础是此员工感知到的来自组织的承诺，但组织的代理人未必认可这些责任和义务。"（Morrison & Robinson，1997）

（资料来自李原：《企业员工的心理契约——概念、理论及实证研究》，复旦大学出版社 2006 年版）

综上所述，笔者认为，心理契约是一种契约关系，需要当事人双方才能构成这种关系，双方的相互作用会进一步影响到契约内容的发展、调整与变化。完整的心理契约应包括两个角度：个体水平上的心理契约称为"员工的心理契约"，即员工对于相互责任的认知和信念系统；组织水平上的心理契约称为"组织的心理契约"，即组织对于相互责任的认知和信念系统。本研究的焦点集中在员工的心理契约，原因有二：其一，任何组织活动和组织目标都是基于员工活动完成的，员工是组织中最重要和最宝贵的资源，把员工个体作为研究对象对组织管理工作具有重要意义和价值；其二，选择一个相对来说界定得比较清晰且容易获得实证数据的部分作为突破口，有利于研究的展开。但同时，我们也清楚地认识到契约作为一种相互关系，从双方角度上探讨更有意义，二者之间所出现的差异、分歧、冲突和矛盾可能正是企业在激励员工过程中存在的问题，是有待改进的地方。但是限于时间与精力，文本仅从员工心理契约的角度实证分析员工心理契约与离职倾向的关系。

（二）员工的心理契约与其他相关概念的异同

1. 心理契约与经济契约

心理契约是建立在认知和理解上的，而经济契约一般是书面的明文协议。两者基本差异见表2.2。

表2.2　经济契约与心理契约内容上的基本差异

契约类型 ＼ 关注内容	员工关注的内容	组织关注的内容
经济契约	金钱	工作
心理契约	体谅	品德

（资料来自李原：《企业员工的心理契约——概念、理论及实证研究》，复旦大学出版社 2006 年版）

2. 心理契约与员工期望

心理契约与期望之间关系密切但也存在明显差异。早期有关心理契约的界定中，把它视为双方的相互期望。现在更多的研究接受这样的看法，心理契约不仅有期望的性质，更重要的是包括对责任和义务的承诺与互惠。它包括的内容是那些员工相信自己理应得到的东西。区分这两个概念具有重要的实践意义，因为期望未实现时产生的主要是失望感，心理契约被违背时则产生更为强烈的消极情感反应和后续行为，其核心是一种愤怒情绪，员工感到组织背信弃义，自己受到不公正对待。它促使个体重新评价自己与组织的关系，并对组织承诺、工作绩效、工作满意度和员工流动率均有消极影响（Robison，1996）。所有的心理契约都是期望，但是若缺少承诺，则期望构成不了心理契约。

二、心理契约的特点、内容与结构

（一）心理契约的特点

第一，心理契约具有主观性的特点。心理契约的内容是个体对于相互责任的认知，或者说是一种主观感觉，而不是相互责任的事实本身。由于个体对于他与组织之间的相互关系有自己独特的体验和见解，因此，个体的心理契约可能与书面雇佣契约中的内容不一致，也可能与其他人（如组织代理人）的理解和解释不一致（Morrison & Robinson，1997）。

第二，心理契约具有动态性的特点。正式的雇佣契约一般来说是相当稳定的，很少发生改变，即使发生改变也必须经过双方协商后才可生效。但心理契约却相对而言处于一种不断变更的状态。任何有关组织运作方式的调整，不论是物理性的还是社会性的，都对心理契约产生影响。员工主观上觉察到的任何公平或不公平感，也会影响到他们对于心理契约内容的修订。另外，研究者发现，人们在一个组织中工作的时间越长，心理契约所涵盖的范围就越广。在员工与组织之间的关系中，相互期望和责任的隐含内容也就越多。

第三，心理契约是员工基于对组织应尽义务而对组织抱有的期望，具有互惠的特征。

（二）心理契约的内容

不少研究者公认近年来在全球竞争和技术革新的大背景下，心理契约的内容构成发生了巨大变化。过去非常重要的内容，正在逐渐消失或处于次要地位。同时，一些新的内容，如对灵活性、工作丰富化、自我依赖性的要求，在心理契约中占据的比重越来越大（Howard，1995；Herriot & Remberton，1996；Anderson，1998）。李原（2006）列举了心理契约内容构成上的变化，见表 2.3、表 2.4。

表2.3 心理契约内容构成上的变化

特点	过去构成	当前构成
关注的焦点	工作安全性，连续性，对组织忠诚	互相交换的可能性，未来雇佣的可能性
形式	结构化的，可预测的，稳定的	无固定结构的，灵活的，可以广泛协商的
构建基础	传统，公平性，社会评判	市场导向的，能力与技能，附加评价（增值）的可能性
雇主责任	工作稳定、工作安全，培训，职业发展前景	对于附加价值的公正奖励
雇员责任	忠诚、全勤、服从权威，令人满意的工作绩效	创业精神，技术革新，锐意变革，不断尝试，优异的工作绩效
契约关系	正规化，大多数通过工会或中介代理机构	认为双方服务的交换（内部及外部）是个人责任
职业生涯管理	组织责任，通过人事部门的输入来规划和促进职业生涯的内旋发展	个人职责，通过个人的再培训再学习而形成职业生涯的外旋发展

（资料来自李原：《企业员工的心理契约——概念、理论及实证研究》，复旦大学出版社2006年版）

表2.4 心理契约中包含的具体内容举例

Rousseau（1990）	Guzzo, Noonan Elron（1994）	Herriot, Manning Kidd（1997）
组织责任		
晋升	住房条件改善	提供充分的培训
高薪	提供所有的住房家装	选拔、晋升、绩效评估的公正性
根据绩效水平提供工资	全面的奖金体系	符合个人和家庭需要
培训	国外服务津贴	对员工有影响的重要事项提供咨询
长期的工作稳定性	应急请假	让员工自由决定如何工作
职业开发	语言培训	个性化——组织作为一种解答疑问和提供支持的体系
对个人遇到的困难提供支持	为家庭成员提供语言培训	对特殊贡献给予认可和表彰

续表

Rousseau（1990）	Guzzo，Noonan Elron（1994）	Herriot，Manning Kidd（1997）
	社会活动	安全和友善的工作环境
	职业开发	执行规则时的公正性
	归国计划	薪水——在公司内外的公平性
	国内支持团队	福利——保证公平和稳定
	为儿童在当地就读提供帮助	尽最大可能提供工作的稳定保障
	为配偶提供公司内的就业机会	
员工责任		
加班工作		工作时履行合同要求
忠诚		保质保量做好本职工作
自愿去做那些非要求的任务		诚实
离职提前通报		忠诚。留在组织中，并把组织利益放在首位
接受工作调动到其他地区的要求		尊重和爱护组织财产
拒绝为竞争者提供支持		自我仪表。举止穿着合体
保护组织的私有信息		灵活性。如果需要，可以干工作说明书之外的工作
在组织中至少工作两年时间		

（资料来自李原：《企业员工的心理契约——概念、理论及实证研究》，复旦大学出版社 2006 年版）

Guzzo，Noonan & Elron（1994）、Rousseau（1990）、Herriot，Manning Kidd（1997）通过对外派管理者的调查形成了他们对心理契约内容构成的清单（表2.4）。

组织与员工的心理契约内容研究概述。虽然在理论阐述时，很多研究者强调心理契约的双边关系，但在实证研究中，有关心理契约的双边研究却很少。有代表性的研究是 Porter（1998）和 Herriot 等人（1997）的研究。

Porter 对高层管理者与员工所感知到的心理契约的一致性程度进行了研究。该研究中组织代理人选择的是三名企业的高层管理人员，请他们就"组织对员工的责任"进行评定的同时，员工一方也评定"组织对员工承担的责任"。研究发现，员工感知到组织提供的条件与组织认为自己提供的条件之间，差异越大则越消极影响到员工对企业的贡献，而且消极影响员工对组织的满意感。

Herriot 等人（1997）以中高层管理者代表组织，用关键事件技术和分层取样法，对英国各行业的员工与组织间的心理契约内容进行了调查，结果发现，在"组织责任"中的 12 项中，其中 6 个项目（如福利、工作安全性、薪资、工作稳定等），员工与组织提到的频次存在明显差异；在"员工责任"的 7 项中有 3 项内容（忠诚，爱护企业财产，维护企业形象），员工与组织提到的频次差异显著。这从另一个角度表明，二者之间对于契约内容及重要性的看法不尽相同。彭川宇（2008）指出要最大限度地开发、利用和发展知识员工的创造力和潜能，就必须了解知识员工本身的心理契约的特征。现有的心理契约的研究大多是把员工作为一个整体来研究的，但实际上员工应是多层次、多类型的，其中知识员工是一个重要的类型。与其他类型的员工相比，知识员工更加重视能够促进他们不断发展的、有挑战性的工作，和成长、自主、成就相比，金钱的边际价值已经退居相对次要的地位。知识员工的这些特征影响着其心理契约的内容和结构。目前国内对知识员工的研究较多，其内容主要集中在知识员工的激励机制、忠诚度及流动管理方面，对于知识员工本身的心理契约特征的研究还比较少。组织对知识员工的义务有三个方面：良好的自主的工作环境，符合其知识结构和特征的职业生涯设计，灵活的报酬和福利制度。知识员工对组织的义务也有三个方面：忠诚、主动工作和稳定工作。

（三）心理契约的结构与类型

1. 心理契约的结构

近年来进行了大量的研究，但得到的结果并不一致，概括起来可以把这些研究结果划分为三类：

（1）二维结构说。持这种结构观点的研究者可谓多数。该结构最早由 MacNeil（1985）提出，认为契约关系中包括交易型和关系型两种成分（见表2.5）。

表2.5 交易型契约与关系型契约的比较

契约的要素	交易型契约	关系型契约
焦点	经济性外在的	经济性、社会情感性内在的
时间幅度	有具体终止期限	无特定终止期限
稳定性	固定的	动态的
范围	狭窄	广泛而具有渗透性
明确性	公开的，容易观察到的	只能被主观地解释与理解

（资料来自李原：《企业员工的心理契约——概念、理论及实证研究》，复旦大学出版社2006年版）

Robinson、Kroatz、Rousseau（1994）对心理契约的内容进行了实证研究。在与13家工程、财务、制造业的人力资源经理进行访谈的基础上，编制了心理契约（相互责任）问卷，结果发现在"组织对员工的责任"中，以下7个项目使用最为频繁：根据工作成绩发放工资，高薪，长久的工作保障，晋升，培训，职业发展，对个人问题的支持。在"员工对组织的责任"中，以下8个项目使用最为频繁：忠诚，加班工作，自愿去做非要求的任务，接受工作调动，不支持竞争对手，保护企业机密，离职前提前通报，在组织中至少工作两年时间。继续对"组织的责任"和"员工的责任"进行因素分析，研究分别发现了两个明显的因子：交易因子（transactional factor）和关系因子（relational factor）。通过两年半的跟踪研究，证实这两个因子总体上是比较稳定的。交易因子更多关注具体明确的、经济基础上的交互关系。"组织的责任"中，包括的内容有：晋升，高薪，绩效工资培训，职业发展，对个人问题的支持。在"员工的责任"中，包括的内容有：辞职提前打招呼，不支持竞争对手，保护企业机密，至少在公司中待两年时间，工作加班加点，忠诚，自觉去做非要求的任务。关系因子更多关注广泛的、长期的、未来发展和社会情感方面的交互关系。Robinson & Morrison（1997）

的研究再次验证了这一因素分析的结果，但各因子中包括的内容稍有不同。Rousseau 等人（1990，1995）曾在理论上探讨了心理契约中"员工的责任"与"组织的责任"之间的关系。她指出，从社会交换理论的角度出发，员工从企业中得到的回报与其对于企业的贡献是相应的。也就是说，如果企业只关注于给员工短期的、经济利益的回报，而不关注于长期的、发展方面的投资，则员工对企业的责任也只局限于完成工作规定所要求的任务，不会承担一些职责之外的工作。也就是说，"组织对员工的交易责任"决定"员工对组织的交易责任"，"组织对员工的关系责任"决定"员工对组织的关系责任"。在此基础上，她提出了"交易—关系"契约模式。不过这一模式尚属于理论上的推论，缺乏充分的实证检验。Tsui（1997）对雇佣关系的研究中，也发现通过因素分析可以把"雇主的责任"划分为两类：一类是物质成分，如提供薪水、福利、基本的工作条件等；另一类是精神成分，如公平、尊重、提供个人发展空间等。这种划分与 Rousseau 等人提出的交易成分和发展成分十分类似。Mill ward & Hopkins（1998）对于英国各地区中不同企业和不同职业的 1200 名被试进行了问卷调查，结果发现"相互责任"中均有交易因子和关系因子存在。陈加洲（2001）以 Rousseau 的"交易—关系"契约模式为基础，对我国贵州省 1000 多名不同企业、不同行业的员工进行了调查，结果发现了类似于交易成分和关系成分的两个因子。不过，研究者指出，由于文化的差异，我国员工的心理契约内容与西方有所不同。例如，对组织的忠诚在国外研究中属于关系因子。而在我国的研究中，其涵盖在基本的工作规范当中。为区分起见，研究者将这两个因子命名为"现实因子"和"发展因子"。

（2）三维结构说。虽然在契约结构的研究中大多数结果支持了"交易—关系"两个维度的存在，不过，也有一些研究者对此提出了异议。Rousseau & Tijorimala（1996）以美国注册护士为被试进行研究，提出心理契约中可能包括三个维度：交易维度、关系维度、团队成员维度。其中，交易维度指的是组织为员工提供经济和物质利益，员工为组织承担基本的工作要求。二者之间的互换关系是有限的和有形的，其内容更多以书面合同为基础。关系维度指的是：员工与组织之间关注于广泛的、长久的、未来发展方面的联系，彼此为对方的事业发展和成功承担责任。企业为员工事业发展与成长创造机会；员工不断改善自身的技能和知识结构，积极从事角色外的工作和任务，促进组织事业的发展与成功。团队成员维度指的是：员工与组织（或团队）之间重视人际支持与关怀，强调良好的人际环境的建设。Lee 等人（1999）进行的一项跨文化研究中，探索了中国与美国工作小组中的心理契约结构。发现在"员工的责任"和"组织的责任"中均支持 Rousseau 等人提出的三种成分说：关系成分、交易成分、团队成员成分。另外，研究者对两种文化进行了对比，结果表明，中国被试比美国被试更强调社会交往、人际联系这一成分，而美国被试比中国被试在交易成分上得分更高。研究者进一步指出，在中国文化背景下个体所形成的心理契约中，与他人的联系、对他人的关注与帮助是不可忽视的一个成分。同时，个体也期望从归属的组织中得到尊重与关怀，建立人际联系。

（3）其他相关研究。Freese & Schalk（1995，1996）主要关注于心理契约中"组织的责任"方面，他们以荷兰员工为被试进行了研究，指出"组织的责任"包括五个方面：工作内容方面（如工作的挑战性），人力资源管理政策方面（如制定的规则是否清晰），激励政策方面（如薪酬、奖金），个人发展方面（如晋升机会、培训机会），社会交往方面（如工作受到他人的认可，成为团队成员），但没有在此基础上将心理契约划分出维度。Herriot、Manning & Kidd（1997）对英国各行业中心理契约的内容进行了调查，指出"员工的责任"主要包括守时、工作出色、忠诚、诚实可信、角色外行为、对组织财产的保护。"组织的责任"主要包括培训、公平、人性化、等值的薪水、公平的福利、工作保障、灵活性、安全的工作环境、工作自主权。研究者也并没有进一步划分出维度。

从上述内容中不难看出，这部分研究目前存在的问题是，契约的具体内容和因子结构不够稳定。其中一些项目表现为相对稳定的因子载荷，但其他一些项目的变化相对较大。我们认为对于这种情况有两种可能的解释。一种解释是，随着当代竞争环境的剧烈变化，组织的运作方式正在发生改变，一些传统上认为属于"关系成分""交易成分"的内容也在发生着变化。例如，组织的"扁平化"趋势使组织中晋升的机会越来越少，代之而来的是组织为员工提供丰富化的工作、技能的开发和培训等。第二种解释是，社会环境、经济环境、文化因素可能会对契约的具体内容和结构造成影响。上述研究分别来自不同的文化和国家（美国、英国、荷兰、中国），其结论可能会因为总体环境的外在差异而受到影响。在契约内容和结构的研究中，大量的研究孤立地探讨"员工的责任"和"组织的责任"两个方面，对于二者之间的联系关注很少。

2. 心理契约的类型

（1）Rousseau（1995）的分类。

Rousseau（1995）按照绩效要求和时间结构两个维度将心理契约划分为四种类型。见表2.6。

表2.6 Rousseau（1995）对心理契约的分类

		绩效要求	
时间结构	短期	交易型 特点：低工作模糊性，高流动率，低员工承诺，低组织认同 例：销售旺季时雇佣的售货人员	变动型 特点：高工作不确定性，高不稳定性，高流动率 例：处于组织减员或公司购并过程的员工
	长期	平衡型 特点：高员工承诺，高组织认同，不断开发，相互支持，稳定性 例：高参与型工作团队中的成员	关系型 特点：高员工承诺，高情感投入，高组织认同，动态性 例：家族企业中的成员

（2）Shore & Barksdale（1998）的分类。

Shore & Barksdale（1998）研究了组织责任和个人责任的相互关系。

（3）Tsui 等（1997）关于雇佣关系的分类。

Tusi 等认为，组织为了追求两种不同的经营弹性，会采用两种不同的员工与组织的关系策略，分别被称为以工作为中心策略与以组织为中心策略。前者是为了追求在员工聘用以及解雇上的弹性；后者致力于建设员工对组织的承诺与忠诚，以追求其员工愿意在组织内承担宽泛的职责为目标，这类组织给员工提供较高的工作保障，更宽泛的员工培训。以组织为中心的策略是职业探索期知识员工从事全职工作时期望组织所采取的策略。

三、员工心理契约的形成与动态变化过程

（一）心理契约形成的过程

1.心理契约形成的内部过程与外部过程

心理契约的形成过程受到一系列因素的影响，这些因素从总体上可以划分为两大类：来自组织和社会环境方面的外界因素，来自个体内部的因素。

（1）外部过程。外部过程包括社会过程、组织提供的信息、社会线索。

社会过程包括社会文化、社会规范、社会道德法律等诸多要素。这些构成了人们对责任、义务、权益的广泛理解和信念，是心理契约形成的社会背景。

组织提供的信息包括在招聘录用时公司有关人员的许诺，组织高层人士的公开陈述、组织政策描述（例如：公司手册，薪酬体系，其他有关人力资源方面的书面文件），公司在社会中赢得的信誉和社会形象，员工对于高层管理人员、直接上级主管、工作同事的言行观察，等等。从信息源的角度来看，形成心理契约的最初信息有的来自书面文件，有的来自口头沟通，有的来自行为观察（如惯例行为）；有的是直接陈述的，有的是间接理解的。不过，值得注意的一点是，即使对于那些似乎建构在客观或事实基础上的内容（如公司政策文件），对于不同员工来说，可能理解也是不相同的。

社会线索是来自组织中的其他同事或团队成员的信息。它们在心理契约的形成过程中提供了三个方面的作用：提供契约形成的信息；传递对于契约条目理解的群体一致性社会压力；影响个体对于组织活动的解释。

（2）内部过程。内部过程包括心理编码、个人因素和个人特点。

相比外界传输的信息而言，个体实际接收到的信息和个体对于这些信息解释的方式，对于契约的形成有着更大影响。心理编码是个体对于组织提供的信息进行认知加工的过程。通过对相互责任、义务、权利的"心理编码"，形成了存在于员工内心世界中的心理契约。可见，心理契约的核心内容并非现实中的相互责任，而是人们对于现实中的相互责任的认知。在这些信息中，有的十分明显而且易于操作，如薪酬体系；有的则具有模糊性，如公司承诺"关注员工的个人发展"，这些内容在心理编码过程中很容易受到其他因素的影响。

2. 心理契约形成的阶段

有研究表明，员工在组织中的心理契约经历了 EAR 循环，即建立、调整和实现的过程。过去的研究发现，员工对心理契约违背感的感知与不良的员工行为（消极怠工、离职）存在高度正相关关系。性别、教育背景、过去的工作经历、工作的年限都会影响到个体的信息加工过程。另外，一些个性因素，如职业动机、责任意识等，也会影响到心理契约内容的形成。例如，Rousseau（1990）在对 MBA 毕业生的调查中发现，新员工对于毕业后第一份工作的定位十分不同。在职业上高雄心和高抱负的人更强调高薪与勤奋工作之间的交换，而在职业上低雄心与低抱负的人更看重对企业的忠诚与工作稳定性之间的互换。

员工心理契约的形成过程受到一系列因素的影响，包括来自组织和社会环境的外界因素以及来自个体内部的因素，如图 2.1 所示。

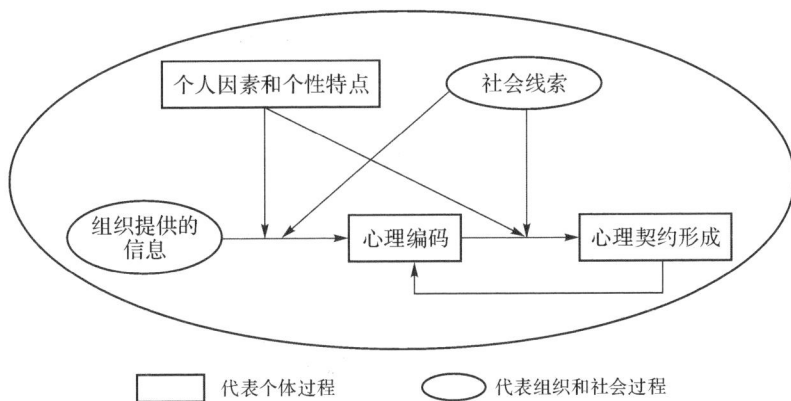

图 2.1　员工心理契约的形成过程

关于心理契约的形成，学者们比较认同的是 Rousseau 提出的心理契约形成四阶段论。目前心理契约的形成主要围绕两种观点展开讨论。

Rousseau 认为，心理契约主要以员工对组织状态的个体感知为基础。据此，她提出了以个体对环境与社会信息的心理加工过程为核心的理论模型。在该模型中，员工通过对环境和社会信息进行筛选、编码、解码等过程，最后形成心理契约。

Guest 等（2002）则重视员工个体与组织之间的相互关系，他们认为心理契约应强调员工和组织双方对彼此关系中包含的相互承诺和责任的感知，突出个体背景因素和组织背景因素的重要作用。由此，他们提出一个基于背景变量的心理契约形成过程模型。该模型表明了各背景因素与结果变量（个体和组织的态度和行为）的因果关系，并表明背景因素和结果变量之间的关系并不是直接的，要受到中介变量——政策因素、心理契约和心理契约状态的影响，而态度又是政策因素和行为的中介变量。

以上两种观点分别从不同的视角探讨心理契约形成过程的影响因素，拓展了心理契约形成的理论研究，但以后的研究还需要进行实证方面的思考和验证。总之，心理契约的改变与员工对他们与组织之间相互关系的认知密切相关，其中对承诺的感知是重要的影响因素，这对于维系组织与员工长久的雇佣关系和稳定信任的心理契约起着重要的作用。

（二）心理契约违背感

与正式契约不同，心理契约不是一个一成不变的稳定产物，其内容可能随时间和条件的变化而变化，这是其基本特征之一，近期的大量研究对心理契约的这一特征进行了探讨。有关研究主要考查心理契约形成、改变和违背的过程以及影响因素。前些年，有人总结心理契约是组织行为的重要决定因素，它在高水平的知觉化组织支持、职业期望、情感承诺，低水平的离职意向、工作满意、组织政策、雇员在受伤害期间的行为等组织效果的预测上有重要影响（陈加洲等，2001）。而今天，在心理契约形成、改变、破裂和补救的动态过程中，研究者研究较多的仍是心理契约的破坏对组织效果的影响，但对心理契约的破坏与组织效果的关系的研究更深入、更具体了，主要表现在探索影响二者关系的调节变量等方面上，研究结果也不相一致。William 等（2004）通过实证方法调查了心理契约破坏与组织承诺之间的关系。结果表明，心理契约破坏与组织承诺呈正相关，其中组织手段在心理契约破坏与组织承诺之间起调节作用。研究还发现，当员工感知到组织在用一些手段维护他们的权益时，心理契约破坏和组织承诺之间的关系会加强。而 Mark 等（2005）调查了 234 名员工，以研究心理契约破坏和心理契约违背感对离职意向、组织承诺、角色内和角色外工作绩效的影响。结果发现，心理契约破裂与离职倾向呈正相关，与组织承诺、角色内和角色外工作绩效呈负相关，而且心理契约违背感完全调节心理契约破裂和离职意向、组织承诺的关系。由此可见，调节变量不一致，结果可能会存在不一致的现象。以上研究分别从行为层面上指出了组织手段和心理契约违背感是影响心理契约破裂和组织效果的关系的重要调节变量，但影响它们之间关系的其他变量还有哪些，影响机制如何等，都需要在以后的研究中做进一步探讨。

四、心理契约违背感与离职倾向的关系

员工心理契约违背感与离职倾向的实证研究日益激发国内外学者的兴趣。

何发平（2008）等人对深圳市的员工进行调查发现，心理契约违背感是导致员工离职的主要原因，其中企业的薪酬、晋升、培训和招聘承诺不能与员工的期望相匹配所产生的心理契约违背感是导致员工离职的主要因素，而人际关系恶化对员工离职的影响并不大。

王双龙、周海华（2007）认为，员工的离职倾向以及离职行为与心理契约违背感的积累和员工对其感知有关，心理契约的建立与维护以及心理契约违背感后的人力资源管理补偿措施，对于消除员工的离职倾向和其他消极行为具有积极意义。

余琛（2007）实证发现，不同心理契约履行水平下员工的组织公民行为存在显著差异，这反映了员工与组织之间互惠交换的本质。余琛（2003）在关于不同心理契约满足状态下员工结果变量比较研究中指出，根据员工对组织的期望和组织履行义务的程度不同，可以将员工的心理契约分成代表不同满足程度的四种类型：期望高，履行高；期望高，履行低；期望低，履行低；期望低，履行高。不同类型下，员工的组织公民行为没有显著差异，而员工的离职意愿和对高层的信任存在显著差异，并且得出结论，在第四种类型下员工的离职意愿最低，第二种类型下最高。在不同满足程度的四种类型中，员工的组织公民行为没有显著差异，员工的离职倾向和对高层的信任存在显著差异。

魏峰（2004）在博士论文中指出，心理契约的违背直接影响员工的

EVLN 行为，即退出行为、呼吁行为、组织忠诚行为、忽略行为。即可能有这几种反应：提出离职的要求，寻找其他工作机会的主动，对现在的组织不利的行为提出建设性意见的主动且有利于组织的行为，对问题不理、逃避、任其恶化的被动且不利于组织的行为；乐观、继续留在组织内、等待显著改善的被动且有利于组织的行为。赵慧军（2004）将组织变量、个人变量和外部环境变量相互作用的结果集中于个体对未来的心理预期和已有的态度上，探讨了这些心理预期和态度对离职意愿的协同作用，并对北京中关村科技园区的企业进行了实证研究。

在国外，Guzzo、Noonan 和 Elron（1994）研究发现，心理契约违背感与低的组织承诺和高的离职率存在正相关关系；Robinson 及其同事在不同的研究中发现雇员对心理契约违背感的认知与不良的雇员行为（高离职率、低的工作绩效、低的组织公民行为意愿）呈正相关。Turnley & Feldman（1999）研究心理契约违背感对模式行为反应的影响，发现心理契约违背感与雇员的呼吁和渎职行为正相关显著，与退出和忠诚度的降低正相关高度显著。Turnley and Feldman（2000）研究发现心理契约违背与雇员的离职倾向和渎职行为存在正相关关系，与行使组织公民行为的意愿呈负相关。

前人研究过心理契约和离职意愿的相关性，有的认为它们之间存在着直接的相关关系，而较新的观点是，组织承诺和工作满意度作为两者的中介变量，是影响员工离职意愿的直接因素。

五、心理契约研究中存在的问题与展望

通过总结近年来心理契约动态过程的最新研究成果，我们对心理契约的形成、改变、破裂和补救的过程有了大致的了解，但仍然存在许多亟待解决的问题。

（一）基础理论研究尚待系统化

关于心理契约的动态过程的研究比较零散，大部分研究基本上是从某一角度，如心理契约的形成、破裂、违背等，分别独立地在一个限定的范围内对心理契约进行研究，这不能全面系统地揭示心理契约的本质。事实上，恰恰是这些方面的研究才对组织维护与改善心理契约的实践活动具有更重要的指导意义。这些问题表明了心理契约动态过程理论研究比较薄弱，也表明了心理契约过程没有形成统一的理论模型。在今后的研究中，一方面要通过实证研究对已有理论进行验证，另一方面也要结合不同的理论对心理契约的动态过程进行深入、全面的探讨。

（二）加强心理契约形成过程的理论和实证研究

Rousseau 指出，过去十多年对心理契约的研究主要侧重于心理契约形成之后的问题及其反应变量，严重缺乏对其形成过程的关注。Turnley 等（2003）也认为对心理契约形成过程的研究还需要在未来做更多的探索。心理契约的形成是后继研究的基础，并且这方面的研究对于组织文化建设、健康型组织建设有着重要的现实意义。因此，未来的研究应更多地关注形成过程的理论研究和实证验证。

（三）加强心理契约补救的理论和实践研究

目前，无论从理论方面还是实践方面，学者们都极少关注心理契约补救，相关的文献更是寥寥无几。心理契约是动态发展的，是不断形成、违背和补救的，组织在遇到心理契约破裂和违背的情况时，要及时有效地采取补救措施，尽力实现对员工的承诺，从而实现双方的良性互动，共同为组织绩效的提高做出贡献。因此，对心理契约的补救进行理论和实践方面的研究迫在眉睫。

（四）加强心理契约与相关变量的研究

虽有学者对心理契约与相关概念的边界做了划分，但此方面的研究仍不够，还需继续加强与心理契约密切关联的其他研究。

第三节　离职与离职倾向研究综述

一、离职的定义与分类

（一）离职的定义

雇员离职的英文原称是"employee turnover"。离职的概念，一般学者都从广义和狭义两方面来解释。Price（1977）曾经给出广义的定义："个体作为组织成员状态的改变"。雇员流入组织、晋升、降级、组织内平级转岗以及流出组织都属于此范畴。把它译成"雇员流动"更能反映这个定义的外延。在理论界,研究者大多遵循、引用莫布雷(Mobley,1982)对离职的定义:"从组织中获取物质受益的个体终止其组织成员关系的过程"。黄英忠(1997)认为,离职的意义,广义来说,即是劳动移动,所谓劳动移动,是指劳工从一个地方移动至另一个地方(地域间移动),或是从某一职业转移至另一个职业(职业间移动),或是从某一产业移转至另一种产业(产业间移动);同时也意味着某一特定组织(如工厂、公司、机关等)员工的流入及流出。狭义的劳动移动,指离职,亦即从组织内部往外部的劳动移动。人才流动可以发生在企业内部,也可以发生在企业与企业之间,一般所谓的人才流动是指后者。张火灿(2000)认为,离职是社会学对社会流动的探讨,主要包括地区的流动、职业的改变、就业机构或公司的更换以及机构内职位的变动等。个人的生涯流动包括个人进入组织,在组织内和离开组织的一系列活动或经验,以及与活动或经验有关的知觉、态度和行为等,其中牵涉到个人与组织间雇佣关系的建立、改变或中止。

(二)离职的形态

1. 职业内离职与职业外离职

余杏容(1977)对离职的分类:一种职业转移到另外一种;另一种是同一职业中职务上的变动。

2. 自愿离职与非自愿离职

根据成员的自动移动与否,可区分为自愿离职与非自愿离职(黄英忠,1997)。

自愿离职指在员工的立场依据个人意愿所做的离职,通称为辞职,主要原因可分为下列三种:另谋高就(如报酬、升迁);事非得已(如疾病、移民、结婚);志趣不合(如职业性向)。

非自愿离职一般可分为解雇和暂时解雇,主要是由雇主或组织所强制执行的离职,非员工的意愿反应,主要原因有三:员工个人关系(如工作能力减退、疾病);业主或公司原因(如公司业务紧缩、歇业或经济不景气);退休(如员工仍愿意工作,但已达退休年龄而退休者)。

3.可回避的离职与不可回避的离职

根据组织的可回避与否，离职可分为可回避的离职和不可回避的离职。根据组织的功能性分，离职可分为功能性离职与非功能性离职。

4.传统的离职分类

在传统上，依员工是否为自愿离职来区分：

（1）自愿离职。

①因个人属性而自愿离职：如退休、移居。

②因组织因素而自愿离职：如薪资、升迁。

（2）非自愿离职。

一般为雇主或组织不想再雇佣，但员工仍想留在组织中工作。

一般为学者所重视者为自愿性离职。

5.功能性的离职与非功能性的离职

Dalton、Todor & Krackhardt 认为，从组织的观点出发，可把自愿性离职再细分为功能性的离职与非功能性的离职。功能性的离职是个人想离职而组织亦不在乎，对组织而言具有正面的组织效益，可以省去解雇员工的诸多问题。非功能性的离职是个人想离职，但组织希望能加以挽留，对组织而言，这类员工都为正面评价的员工，他们的离职对组织效益而言是有害的。

6. Abelson（1987）的分类

Abelson（1987）依据 Price 和 Dalton 等人对离职的看法，将离职以是否自愿性和是否可以避免为准则，分成四大类。

（1）组织努力后可避免的自愿性离职：如组织、领导、薪水、工作环境的不满。

（2）组织无法避免的自愿性离职：如怀孕、移民、照顾小孩等。

（3）组织或经营者强制执行的离职：如开除、强制性退休、解雇等。

（4）组织无法控制的非自愿性离职：如疾病、死亡等。

Abelson 指出，继续留职工作者与非自愿离职者的特质相似，而与自愿离职者的特质不相似。

二、离职的影响因素

学者们对于影响员工离职的因素有许多不同的研究发现。国外学者从不同角度对形成离职原因的关键变量进行了研究，这些研究针对不同的群体如护士、销售经理、会计、非管理层职员、大学教授等进行，通过调查问卷得到数据，再进行定量分析，最后找出影响员工离职的关键变量。这些变量因素大致可以分为五类。一是外部因素，如就业机会——失业率。二是组织因素，如组织成员间融合度——薪酬分配结果与形式的公平性、同事以及上级的支持。三是与工作有关的因素，如工作条件与现实工作和员工自我设想的是否一致——工作的重复性、工作负荷程度与工作自主性。四是心理因素。以往学者从员工心理方面对员工离职进行研究的比较多，占了离职理论研究的大部分，如工作满意度、组织承诺、工作卷入度、工作的安全感。五是员工个人特征变量，如年龄、性别、工作时间、教育水平等。研究结果大致表明，年龄、工龄、工作满意度、组织承诺、工作卷入度、工作安全、提升机会、工资及分配的公平性、同事的支持、上级的支持、工作条件、工作与自我设想的一致性、工作的自主性与离职行为呈负相关关系，而组织的集权程度、工作负荷、工作的重复性、员工的教育水平与离职行为呈正相关关系。并且，经济及劳动力市场状况是影响员工离职的外生变量，当经济状况不好，失业率增加时，即使员工工作满意度很低，员工也不太可能发生离职。

吴忠吉（1995）认为，影响劳工流动的主要因素有六项：预期工资，既有工资，预期新职工作时间，劳工个人面临的贴现率，搜寻成本，移转成本。

黄正雄（1998）认为，影响员工离职的因素有十项。（1）报酬：指工资、奖金等金钱收入。（2）福利：指休假、医疗保险、退休金、娱乐设施等。（3）工作兴趣。（4）工作稳定性：指的是可以使员工长期工作的权力。（5）晋升。（6）有职有权。（7）企业形象。（8）培训机会。（9）有效沟通。（10）工作环境。

Morrow（1980）将离职影响因素划分为三个维度：工作关系因素、经济机会因素、个人因素。工作关系因素反映了组织对离职的影响，经济机会因素反映了劳动力市场规律对离职的影响，个人因素反映了个人背景差异对离职的影响。

影响离职的个体因素主要是个体差异。它包括：（1）个性特征，如个性、兴趣爱好、控制力、自信力等。（2）职业特征，如技术水平、专业化、年龄等。（3）生活特征，如婚姻、家庭、生活条件等。组织因素包括组织政策与制度的实施、激励与报酬、工作环境、组织氛围、工作群体、上下级关系以及工作内容等。组织各方面因素对于员工离职的影响可以用工作满意度和组织承诺两个变量来进行衡量。

Hertzberg（1959）的双因素理论认为，工作满意度由内源性工作满意度与外源性工作满意度构成，内源性工作满意度是人们对工作任务本身性质的感受，外源性工作满意度是人们对各种外部的工作情境的感受，他将工作满意度分为激励和保健因素，报酬只是防止不满意的保健因素，只有工作成就感、社会认可、个人发展机会等激励因素才是产生满意感的关键。许多学者证实工作满意度与离职呈现负相关关系，Lock（1985）证实工作满意度与离职二者之间相关度为 -0.40，相关度不高的原因之一是没有全面考虑干涉变量。

组织承诺是将个人与组织联结在一起的态度或导向，或个人目标与组织目标越趋一致的过程。Porter（1974）将组织承诺划分为价值承诺、努力承诺、留职承诺。价值承诺是指深信并接受组织目标及价值；努力承诺是指愿意为组织投入高度的努力；留职承诺是指具有强烈的欲望以维持组织成员的身份。Meyer 和 Allen（1990）将组织承诺划分为感情承诺、持续承诺和规范承诺，感情承诺与持续承诺类似于 Porter 的价值承诺和留职承诺，规范承诺是指员工对组织的关注度以及在组织中的发展。多项研究表明，组织承诺能有效预测离职，并与离职呈负相关关系。Williams 和 Hazer（1994）得出结论，组织承诺反映了员工对组织的全部态度和长久的认同，工作满意感只反映了工作这一特定因素的影响，组织承诺更为稳定，并且比工作满意度更具有预测力。Morris 和 Sherman（1981）研究发现组织承诺可以有效地预测员工绩效、缺勤及离职行为。研究表明，组织承诺可以解释流动率中 34% 的变异。

企业雇员离职倾向的影响因素研究中增加了对一些新变量的量化研究。

以往的质化研究一般认为离职与以下几个因素有显著关系。一是薪酬，组织内部个体之间薪酬方面的相互比较；行业内组织间个体薪酬的比较。二是离职成本，离职时员工精神上和物质上的损失。三是组织管理，包括上下级之间的沟通、信任、关系；个体的被认同感、晋升机会、学习培训机会。四是个体原因，包括家庭原因和个体对工作的价值观。五是传统文化因素，是在引用国外模型的基础上考虑中国本土化的情景因素，集体包括对组织的忠诚，即对某个权威的忠诚，离职与否考虑"面子"和中国人的"关系"，关系的损害会引起对企业依附感的降低。张勉等人在以往一项质化研究的基础上，将转化成本、承诺倾向、职业成长机会和关系四个新变量作为外生解释变量引入离职模型。实证研究的结果发现：在控制已有外生变量的情况下，转换成本和职业成长就会与离职意向显著负相关。因此在本研究中，笔者在问卷中增加了离职成本的测量题项，以增加对职业探索期知识员工离职意向的解释力度。

纵观国内外相关文献，离职的前因变量概括起来主要有以下几个方面：外部因素，包括就业机会（工作可获得性）、失业率等。组织因素，包括组织文化、组织支持、组织公平性以及组织融合度等。与工作有关的因素，包括工作条件、工作负荷、工作自主性等。心理角度，包括工作满意度、组织承诺、工作卷入度、工作安全感等。员工个人特征变量，包括年龄、工龄、性别、婚姻状况、教育水平、工作性质等。

在工作机会富余以及经济繁荣时，工作满意度和组织承诺在离职决策中所起到的作用最为突出，而在经济萧条时，即高失业率和低就业机遇期间，员工的离职则更多地受物质激励、工作安全感等因素的影响。而离职意愿的直接后果变量是离职行为。大量的员工离职给企业带来了很大的危害，如何采取措施降低员工离职率，已经成为企业管理层高度关注的问题。"预测离职行为的最好变量应该是员工想要离开组织的行为倾向。"因此，研究离职意愿比研究其他变量对离职行为的预测作用更有意义。但是，员工即使产生了离职意愿或离职倾向，并不一定会有实际的离职行为，从有离职意愿到发生实际的离职行为还受到许多因素的制约或调节。

三、离职倾向的研究

关于离职的中心问题是如何衡量离职。早期的研究者（Price，1976）通常用离职率和生存曲线来计算。Price（1971）及其他的学者提出应该重视自愿与非自愿的离职行为。最近的研究趋势则采用两分的方法，如可避免的或不可避免的离职行为。Muchinsky and Tuttle（1979）指出其中的一些问题，他认为，大多数的研究都很难分清离职是自愿还是非自愿的，实际的离职很难测量。测量离职意愿能够较早地了解员工对企业的看法和心理意愿，有助于及早发现问题并做出管理上的改进。大部分学术研究的工具是提出问卷，主要测量员工对企业印象的转变、离职的念头、寻找其他工作的行为及找到工作的可能性。

Kraut（1975），Mobleyetal（1979），Newman（1974），Michaels & Spector（1982）等学者皆认为离职的最佳预测值是离职倾向。传统上将离职分为"自愿"与"非自愿"两类（Bluedron，1978；Price，1977），Daltonetal（1981）又将自愿性离职细分为"可避免"与"不可避免"原因的离职，并且强调研究离职原因的目的在于减少有价值员工的离职（Abelson M.A，1987）。Abelson（1987）指出详细区分离职类别更能精确地预测离职原因，他同时以191位护士为对象，实证出因可避免因素离职者之工作满意度与组织承诺相关度较低，所承受之工作压力则较高。

国内学者实证研究了员工离职倾向的影响因素。张勉、张德、李树苗（2002）对国内IT行业进行实证研究，通过分析对Price（2000）模型进行了修订。研究认为，组织承诺度、工作满意度、工作寻找行为、机会、工作投入度、期望匹配度、积极情感、职业成长度、晋升机会和工作单调性等十个变量被辨识为IT企业技术人员离职意图的主要决定变量。马淑婕、陈景秋、王垒（2003）将离职因素分为社会层次、组织层次、个人层次。其中，社会层次包括劳动力市场活跃状况和经济因素，组织层次包括组织因素和工作因素，个人层次包括人口统计学因素和心理与家庭因素。

第四节 高校教师的职业发展与心理契约概述

一、高校教师职业发展

国内外很多学者对教师的职业发展进行了分析。有的认为在职业生涯发展过程中，处于不同时期的个体职业关注的焦点不同，面对的发展任务也截然不同。在此进程中，个体的自我概念逐渐会变得现实和稳定，职业选择和职业行为也渐趋成熟，应把个体放在社会情境这一更广泛的背景中去理解其职业生涯发展决策行为。个体职业发展是一个妥协和整合的过程。整合和妥协发生于个体和具体社会因素、自我概念和现实状况之间。个体职业偏好和能力、工作环境和自我概念等都是不稳定的。

有的研究者看重职业满意度在教师职业发展中的度量作用。职业满意发生于个体能实现自己的能力、兴趣和价值观等等。而就社会因素而言，工作的个体除了承担工作角色之外，在他的生命范围中，还承担着学生、孩子、父母、配偶、持家者、休闲者、公民等多种社会角色。在职业生涯每一个阶段，个体都要承担两个甚至更多的关键角色，这些不同角色对个体职业生涯决策有直接影响，很多职业生涯发展困扰的主要原因都来自角色间冲突。如果个体能成功地同时承担更多角色，那么他对自己生活方式的满意度和成功感都会提高，未来的角色承担就会越成功。人一生的职业生涯可以视作是自我概念逐步发展成熟并在职业选择过程中实施自我概念的过程。自我概念的发展和个体的生命阶段紧密关联，学者将个体职业生涯发展划分为探索期、立业期、维持期、衰退期四个不同阶段，这种职业生涯发展阶段划分思想是整个理论体系的根基和主体。

近年来，已有越来越多的研究者开始关注不同类型的员工群体在心理契约认知和心理契约破裂或违背感等方面的差异性。如孔和等人的研究分析了组织中管理者群体的心理契约内容与组织心理契约违背对管理者行为的影响。朱晓妹和王重鸣的研究深入分析了我国知识员工群体的心理契约的特有结构。王庆燕以我国组织中的新进员工为研究对象，解析了新员工进入组织后的心理契约的形成和动态发展过程。张士菊重点分析了我国国有企业和民营企业员工心理契约的差异。组织内不同的员工群体的心理契约内容结构与作用方式均具有显著的特殊性。

组织犬儒主义是近年崛起于西方组织研究领域的一个新焦点，但基于中国背景的员工组织犬儒主义研究尚处于萌芽阶段。近年来，虽然有少数几位国内学者如张士菊和廖建桥、廖丹凤等围绕组织犬儒主义展开了一定的研究，但相比于西方学界，组织犬儒主义在我国仍属于初步验证。在中国员工群体中，组织犬儒主义是否也普遍存在？具体水平如何？员工存在的组织犬儒主义对其工作态度和行为有何种影响？在现有的文献中，对这些问题尚未能给出令人信服的理论和实践解释。

Green（1997）等将职业成长定义为"个人沿着对自己更有价值的工作系列流动的速度"。袁庆宏（2009）等将职业成长分为结构性成长和内容性成长。前者是指随着职位的上升而连带更多的责任和挑战，后者指员工在现有的职位上因长期工作经验而产生的能力和动机。翁清雄（2010）等认为这些概念有两点不足之处：一是忽略了员工在没有发生工作转换时的职业成长问题；二是这一概念比较抽象。翁清雄等通过实证研究得到了职业成长这一概念的可操作化界定。他们认为，职业成长包括组织内职业成长与组织间职业成长。李洁、吕康银、熊顺朝对职业成长、工作满意度和离职倾向关系做了实证研究。

二、高校教师心理契约研究概述

从经济学的角度来看，教师与学校签订的聘任合同属于正式契约，在聘任关系中，由于信息的不对称和不确定性，正式契约不可能全面规范双方的权利与义务。正如刘献君所指出的，委托人与代理人的契约在很多情况下是建立在信任的基础之上，用制度规范和意识形态约定的价值判断代替了契约文本。这种基于信任基础形成的，以意识形态约定为主要形式的价值判断实质上表现为双方的心理契约。与正式契约相比，心理契约尽管缺乏明文约定和正式约束力，有时甚至比较含糊，但它的存在是双方都能觉察到的，并随着雇佣关系的变化而灵活调整。由此可见，心理契约是正式契约的有益补充。特别是对专业化程度高、独立性和创造性强的高校教师群体而言，心理契约这种软约束的力量不容忽视。研究高校教师心理契约对创建高校与教师之间和谐的劳动关系，促进教师与高校对各自责任的认同与履行具有重要意义。

白艳莉、张立迎、林澜等人对高校教师的心理契约、组织公民行为等进行了实证研究。学者提出生存保障、制度支持与资源支持维度偏重物质效用，主要体现为高校应为教师提供良好的物质、制度和资源保障，从物质和环境两方面满足教师的基本生存与安全需要；沟通参与和成长发展维度偏重精神效用，主要体现为高校应为教师的参与管理、职业发展和自我实现提供广阔的空间，从情感和事业等方面满足教师社会交往、尊重和自我实现的内在需要。敬业守规、关心学生与科研投入维度分别反映了高校教师作为知识传播者、教育者、知识贡献者与创新者所承担的基本职责。认同支持和活动参与责任则体现了教师对学校工作的心理认同和行动支持，以及在建设和谐的人际环境方面的职责。

与企业员工比较，高校教师的心理契约结构既有相似之处，又有独特性。相似之处表现在经典的企业员工二维责任中，交易维度关注物质经济需求的满足，关系维度关注社会情感需求的满足。学校责任五维度和教师责任五维度也可以分别归类为上述两个维度范畴。林澜等人认为学校责任中的生存保障、制度支持、资源支持责任表现为具体明确的，可以归类为交易维度范畴；沟通参与、成长发展责任则更加动态、开放，体现了学校致力于与教师建立长期良性的雇佣关系而给予的人文关怀，可以归类为关系维度范畴。类似地，教师责任中的敬业守规、关心学生、科研投入维度是学校明确规定的工作要求和岗位职责，属于交易维度范畴；认同支持和活动参与着眼于建设有凝聚力的校园文化，范围更广泛，更强调双方长期的社会情感互动，属于关系维度范畴。独特性在于高校教师心理契约中的责任内容更为具体与多元化，更符合高校教师群体的特殊性。以学校责任为例，沟通参与与成长发展尽管可以归类为关系维度，但前者主要指向人际关系，后者主要指向工作，它们关注的分别是"情感留人"和"事业留人"的不同方面，因此独立为两个不同的维度。在教师责任中，认同支持和活动参与独立为两个维度是因为它们分别指向工作和人际关系。前者主要表现为教师对学校各项工作和未来发展的行动支持和心理认同；后者指教师积极参与学校各项活动，建设和谐的人际环境。同样地，学校责任中的生存保障、制度支持、资源支持虽然和两维度中的交易维度含义相同，但它们分别指向物质待遇、制度环境和工作资源。教师责任中的敬业守规、关心学生和科研投入虽然属于交易维度范畴，但它们分别对应于教学、育人和科研，这三个方面概括了中国高校教师工作的核心内容，因此这些维度发展为独立的维度是符合实际情况的。

第五节　教师的生涯自我管理与生涯组织管理

一、职业自我生涯管理

目前，国内外学者对自我职业生涯管理的研究主要集中在三个方面：自我职业生涯管理的结构研究，自我职业生涯管理的前因变量研究，自我职业生涯管理的结果变量研究。

（一）结构研究

绝大多数国外研究者都认为自我职业生涯管理是个三维结构，大致可分为职业探索（或职业规划）、职业目标设置和职业策略。Greenhaus（1990）认为，自我职业生涯管理是个人洞察自己和环境，形成职业生涯目标和策略，在职业生涯历程中获得反馈的过程。Pazy（1988）认为自我职业生涯管理有三种要素：一是职业生涯规划，即主动设定并积极实施职业生涯目标；二是选择有利于获得职业生涯指导的职业生涯策略，如利用上司的关系网，选择一个提供表现机会的工作，寻求非正式职业指导的支持等；三是主动性，但主动性是一个比较抽象的方面，与职业生涯规划和职业生涯策略有较多的重叠。King（2001）把知识型人才的职业生涯自我管理分成三个部分：职业定位、建立影响力、职业边界管理。他研究发现：职业规划与职业策略呈正相关，职业策略与专业提升呈正相关，专业提升与职业满意度呈正相关。该结果告诉我们：专业技术人员计划和管理自己的职业是非常重要的，这会带来职业满意。

（二）前因变量研究

国内外学者涉及自我职业生涯管理影响因素方面的研究很多，概括地说，可以分成两个方面：一方面是来自组织的影响；另一方面是源于员工自身的特点。根据前人的研究，目前比较一致的结论是：领导支持、组织支持等组织变量对自我职业生涯管理有积极影响。职业卷入、自尊等对自我职业生涯管理有一定影响。而性别、受教育年限、任职年限、控制点等对自我职业生涯管理影响不显著。

绝大多数研究者都认为知识型人才的自我职业生涯管理既受组织职业生涯管理的影响，也受组织性质、规模和上司支持度等的影响。Sugalski 和 Greenhaus（1986）研究发现，组织职业生涯管理政策和工作角色特征分别对职业探索和目标设置有影响；此外，焦虑对目标设置有重要的影响。龙立荣认为，加班会影响到员工的继续学习，并且组织内的不公平竞争使得组织内的职业探索机会减少等。李维、侯光明（2008）等应用结构方程建模，发现培训和考核措施对软件销售人员的自我职业生涯管理有差异性影响。其中，培训措施与跨组织流动无显著关系，但会加强员工的目标及胜任、职业发展准备行为；反馈措施影响员工的目标及胜任、职业发展准备行为和员工的跨组织流动。

个人因素分成人口学和心理学部分。过去研究涉及较多的有性别、学历、年龄、任职年限、内外控、自尊和焦虑等对自我职业生涯管理方面的影响。Gould（1979）研究了知识型人才的个体变量（如内外控、自尊、性别、受教育状况）与职业规划的关系，通过多元回归分析结果表明：除了自尊有一定影响外，其余的个体变量对职业生涯规划均无显著的影响。Noe 对几个协变量的研究发现：管理者的职位与职业发展呈负相关，上司支持与职业发展行为呈正相关，年龄没有显著的影响。London（1999）研究了员工的个体变量（如职业动机、明确的自我意识、授权感等）对员工职业生涯发展和绩效的影响，结果发现：感觉到授权感能提高员工的绩效；年轻的管理者自我发展更高。龙立荣等对自我职业生涯管理各维度与人口学变量的回归分析结果表明：职业探索主要受年龄的影响，其中年龄越大者，职业探索越少；而对职业目标确定有显著影响的是性别，其中男性显著高于女性；但继续学习和自我展示方面，人口学变量单个均没有显著的影响；而注重关系方面，则是学历高的人，更注重关系，管理人员相对于非管理人员更注重关系。对与动机、能力有关的个体心理学部分的研究主要集中于成就动机和自我效能对自我职业生涯管理的影响，但这方面的研究相当少。Elliot（1997）研究了成就动机对自我职业生涯管理的影响。所谓成就动机包括超越动机、掌握动机和避免失败动机。研究发现：超越动机和掌握动机与自我职业生涯管理呈显著正相关。龙立荣（2003）通过问卷研究方法研究了影响员工自我职业生涯管理的组织及个人心理因素，发现超越动机、掌握动机、一般自我效能对自我职业生涯管理的影响模型拟合较好，在同等情况下，成就动机强、自我效能高的员工可以更好地创造条件，表现出更高的自我职业生涯管理。余琛（2010）研究发现，成就需求、工作伦理与职业的自我管理呈高度正相关。

（三）结果变量研究

根据以往的研究，西方学者在自我职业生涯管理的效果研究方面，比较侧重于研究对组织有益的行为，如绩效、组织承诺、职业态度、适应性等，以及部分对个体有益的行为，如职业满意度和专业提升，但由于研究所选择的自我职业生涯管理要素不同，其结果不太明确。需要指出的是，目前比较一致的观点认为自我职业生涯管理与工作满意度之间有显著的相关性。

对组织有益的行为研究。Hall 和 Foster（1977）将职业生涯有效性分成四个指标：绩效（即对自己绩效的主观感觉）、职业态度（即个人知觉和评价职业的方式，如职业满意和工作卷入等）、职业认同（即能意识到自己的倾向、兴趣和能力）、适应性（即能适应职业变化）。并且他们提出了目标设置心理成功模型，认为职业生涯规划导致努力，努力导致目标实现，目标实现导致职业生涯规划，形成循环。

Gould 较早研究了职业生涯规划（包括职业目标设置和职业策略确定）的效果。他经过问卷调查，以职业生涯规划为因变量，其余变量如个人变量和职业生涯有效性变量（即绩效、职业态度、职业认同、适应性）作自变量，经回归分析，结果表明：所有职业有效性变量与职业生涯规划有关系，且职业生涯管理有效性高的人，其职业生涯规划也高。

Pazy 也使用了 Hall 的职业生涯管理有效性指标，但在统计时所运用的统计方法与 Gould 不同，将管理有效性作因变量，将职业生涯规划作自变量，运用层级回归分析，结果表明：职业生涯规划对绩效有影响；职业生涯规划、主动性对职业态度有积极的影响；职业生涯规划、职业策略对职业认同有影响，而职业策略的影响是负面的；只有主动性对职业适应性有影响。Noe 也研究了自我职业生涯管理状况对管理效果的影响。但与 Gould、Pazy 不同的是，Noe 用的因变量是个人职业生涯发展行为、活动以及工作绩效，他发现职业探索、目标设置、职业策略与职业发展行为或绩效无关。

Jaeobs（2003）认为，个人积极参与职业生涯规划和开发，能够促进工作绩效。而部分学者持相反观点。Noe（1996）认为自我职业生涯管理与工作绩效无显著相关关系，原因是员工有不同的职业目标定向。例如，有的员工的自我职业生涯管理目标不是追求职业能力的提高，而是达到考核的最低标准即可。龙立荣（2003）也持类似观点，他认为员工注重自我职业生涯管理，可能会使工作投入相对减弱，影响工作绩效。

李维、侯光明（2008）在研究软件销售人员的自我职业生涯管理（包括目标及胜任因子、职业发展准备因子和跨组织流动因子）对三维绩效（包括任务绩效、关系绩效、适应绩效）的影响中，将绩效看成一种行为，是对员工工作表现的行为性描述。他们研究发现：跨组织流动因子与三维绩效均无显著相关关系；目标及胜任因子对任务绩效和关系绩效的影响最显著；职业发展准备因子对适应绩效的影响相对最显著。尽管存在分歧，但是前人的研究勾勒出自我职业生涯管理的结构及效果，为后续研究奠定了基础。

二、生涯组织管理

（一）生涯组织管理的基本定义与研究概述

组织职业生涯管理，是组织为了自身战略发展的需要，协助员工规划其职业生涯的发展并为员工职业生涯发展设计通道，提供必要的教育、培训、轮岗、晋升等发展机会，是组织为了达成组织和个人的目标而采取的一系列旨在开发人潜力的措施，简称职业管理。

员工既是职业生涯管理的对象，又是职业生涯管理的主体，员工的自我管理是职业生涯管理成败的关键，同时，个人职业生涯管理又离不开组织，个人的职业发展离不开组织提供的培训、经费、时间、机会、制度保障等条件。因此，员工的职业发展应服务于组织的发展战略，组织应成为员工职业生涯管理的主导。

西方国家对职业生涯管理的研究始于20世纪60年代，随着时代的变迁，职业生涯管理研究的侧重点也有所变化。60年代主要研究员工个人的职业理想和抱负，90年代开始追求在企业和员工个人之间的平衡，这意味着职业生涯管理开始被作为一种战略性步骤，将员工自我价值实现和企业战略发展有机结合起来，最大化地开发员工个人职业潜能，最终达到员工个人发展、自我实现与企业发展的双赢。

按照心理学家马斯洛的划分，人的需求从低到高共有五个层次，即生理需求、安全需求、社交需求、尊重需求、自我实现需求。当较低一级需求基本上得到满足之后，追求较高等级的需求就成为继续努力的主要动力，满足了的需求则不再是激励的因素。由于尊重和自我实现需求是永远得不到完全满足的，因而这些需求具有持久的激励作用。组织行为学近年的研究中提出了外在性与内在性需要的概念，用这种分类法替代了传统的物质性需要和精神性需要这两种不够严格的分类方法。外在性与内在性需要的区别在于，外在性需要不能从工作活动本身求得满足，能满足它们的资源存在于工作之外，控制在组织、领导和同事手中，如金钱与表扬，因而工作是手段性的。内在性需要则相反，它们的满足只有通过工作活动中的体验才能实现，如领会工作活动中的趣味及任务完成时的成就感等，因而工作活动本身便具有目的性，满足此种需要的资源就存在于工作过程之中。作为组织职业生涯的管理者应充分认识到员工的这种内在性需要，因为恰好是这种工作内部蕴含的资源，对员工的激励作用是强有力且不可替代的，是持久的、低成本的甚至是无成本的。

组织职业生涯管理的出发点应为"以人为本"，但要真正做到以人为本，一切本着人的需求出发却不是易事。组织作为职业生涯管理的主导者，应认真研究员工的心理发展特点，从尊重员工的权利和意见出发，切实围绕着调动员工的主动性、积极性和创造性来展开。

在职业生涯管理中，要满足组织和员工的双重需要，从根本上说，组织和个人的需要应当是一致的。一方面，员工个人的自我价值的提升和实现，离不开组织在人、财、物及时间上的保障，一旦职业生涯管理无法满足组织发展战略的需要，职业生涯管理活动必然因为失去组织的支持而终止；另一方面，员工是职业生涯管理的主体和对象，缺乏员工的积极参与，职业生涯管理活动也必然逃脱不了失败的命运。所以职业生涯管理的难点，就是如何把企业发展战略和员工自我价值实现有机结合起来，在现实中，许多地方都面临着人才流失的问题，当然其原因是复杂多样的，但从企业职业生涯管理方面考察，其根本原因就是没有以"人"为中心，寻求"人"与"工作"相互适应的契合点，没有将"人"的发展与企业的发展有机地结合起来，没有在满足企业发展需求的同时满足"人"的需求。

因此，组织职业生涯管理在做好引进人才的同时，更迫切要做的是留住并利用好现有人才，为员工提供培训机会、岗位晋升和轮换机会，有效地激发员工学习与工作热情，有效地引导员工追求自我价值的实现，使个人能力提高与企业发展相结合。把既有人才的潜能变成显能，然后转化为效能，实现价值增值，最终达到员工个人发展、自我实现与企业发展的双赢。

组织职业生涯管理主要包括帮助员工进行职业规划，建立各种适合员工发展的职业通道，针对员工职业发展的需求进行各种培训，给予员工必要的职业指导，等等。

（二）生涯组织管理基本原则

1. 长期性

员工的职业生涯发展规划要贯穿集团员工职业生涯的始终，并应该长期坚持才能取得良好的效果，避免成为企业管理中的"理论作秀"。

2. 动态性

根据公司的发展战略、组织结构的变化与员工不同时期的发展需求进行相应调整。

3. 利益整合

利益整合是指员工利益与组织利益的整合。这种整合不是牺牲员工的利益，而是处理好员工个人发展和组织发展的关系，寻找个人发展与组织发展的结合点。每个个体都是在一定的组织环境与社会环境中学习发展的，因此，个体必须认可组织的目的和价值观，并把他的价值观、知识和努力集中于组织的需要和机会上。

4. 公平公开

在职业规划方面，企业在提供有关职业发展的各种信息、教育培训机会、任职机会时，都应当公开其条件标准，保持高度的透明度。这是组织成员的人格受到尊重的体现，是维护管理人员整体积极性的保证。

5. 协作进行

协作进行原则，即职业规划的各项活动，都要由组织与员工双方共同制定、共同实施、共同参与完成。建立互信关系的最有效方法就是始终共同参与、共同制定、共同实施组织职业生涯规划。

6. 时间梯度

由于人生具有发展阶段和职业生涯周期发展的任务，职业生涯规划与管理的内容就必须分解为若干个阶段，并划分到不同的时间段内完成。每一时间阶段又有"起点"和"终点"，即"开始执行"和"完成目标"两个时间坐标。如果没有明确的时间规定，会使职业生涯规划陷于空谈和失败。

7. 发展创新

发挥员工的"创造性"这一点，在确定职业生涯目标时就应得到体现。职业生涯规划和管理工作，并不是指制定一套规章程序，让员工循规蹈矩、按部就班地完成，而是要让员工发挥自己的能力和潜能，达到自我实现、创造组织效益的目的。还应当看到，一个人职业生涯的成功，不仅仅是职务上的提升，还包括工作内容的转换或增加、责任范围的扩大、创造性的增强等内在质量的变化。

8. 全面评价

为了对员工的职业生涯发展状况和组织的职业生涯规划与管理工作状况有正确的了解，要由组织、员工个人、上级管理者、家庭成员以及社会有关方面对职业生涯进行全面的评价。在评价中，要特别注意下级对上级的评价。不能让民主测评流于形式，抵制"一本正经"地搞形式主义。

第六节　教师职业成功

传统的职业生涯发展中人们主要关注的是个人的既定的"兴趣、态度、特长、资源"等以及职业本身的特点，关心的是"人和职业"如何"匹配、适应"而不是如何才能获得职业生涯的成功。然而，随着以知识和信息为主导的新经济时代的到来，特别是无边界职业生涯的兴起，追求职业生涯的成功业已成为人们职业生涯管理的出发点和归宿。因此，对职业生涯成功的研究将成为职业生涯管理理论研究的前瞻性问题。职业选择、职业发展理论以及职业咨询、职业管理等实践活动，都是以职业成功为导向的。

一、职业成功的标准研究

（一）客观因素主导的职业成功标准

学者们普遍认为职业成功评价应该包括客观评价与主观评价两个方面。在对职业成功进行研究的开始阶段，研究者主要关注职业成功的客观性指标。Hughes（1937）认为，客观职业成功是可证实的成就，包括薪酬、晋升和职业地位等因素。有学者认为衡量职业成功标准包括薪酬、晋升、权力、地位。层级地位、薪酬、晋升、薪酬增加的百分比、工作绩效是衡量职业成功的标准。学者对客观职业成功的标准做了更深入的探讨，他们把客观职业成功限定在两个重要的方面：资源和其他能够获得的优势条件。他们根据比较人类学的理论，提出了六个客观成功的指标：物质成功，社会声誉与尊敬、威望，知识与技能，社交网络，健康与幸福，地位和头衔。这些指标的典型特点就是方便性，可以通过观察和识别，也可以从企业的人事档案中获取。所以，相当长的一段时间都被学者们用来评价职业成功。

（二）主观因素主导的职业成功标准

最早的研究把职业成功定义为工作满意度。工作满意度是指个人对于他从事工作的一般态度。它不仅仅是指对任务，而且是对工作环境的一种态度和情感反应。不过，使用工作满意度作为衡量主观成功唯一的指标有着很大的局限性。因为，Judge（1999）认为，那些对工作不满意的员工很难把他们的职业看成是成功的。因此，Greenhaus 等人（1990）认为，主观职业成功包括对实际的和期望的与职业有关的成就的反应，它是在一个更广的时间范围内而不是即时的工作满意度，他们在研究中使用职业满意度来衡量主观职业成功，并开发了职业满意度量表，目前应用最为广泛。自此以后，有的学者将职业满意度单独使用或者与工作满意度一起来评价主观成功，有学者将感知性职业生涯成功和工作满意度作为评价职业成功的标准；衡量职业成功的标准包括工作领域的主观成功以及工作满意度。但是，很多学者对这些主观职业生涯标准质疑。有人认为个人对自己实际的和期望的成绩的心理感受不只是一时的工作满意度，主观生涯成功应包括更多内容。Nicholson（2005）提出的主观职业生涯成功标准包含六个方面：对成就的自豪感、内心的工作满意度、自我价值感、对工作和组织的责任感、良好的关系、道德满意度，其内容远远超过工作满意度和职业满意度，但是，此标准缺乏有效的测量工具，标准的有效性还有待证实。主观维度评价职业生涯成功重点考虑了个体的心理因素和主观态度，可以充分反映人们对于职业生涯成功的主观感知。

（三）主客观相结合的职业成功标准

随着研究的不断深入，学者们对教师进行研究，发现客观职业成功维度有中学成就、大学成就、目前专业地位和收入，主观职业成功评价维度有好奇心、学科兴趣、本能兴趣、工作满意度和感知性职业生涯成功。通过研究归纳得出客观职业成功包括收入、工作地位、职业高原、工作绩效，主观职业成功包括组织承诺、工作满意度、晋升满意度等。

（四）无边界职业生涯成功标准

西方学者将无边界职业生涯定义为"超越某一单一雇佣范围设定的一系列工作机会"。具有无边界职业生涯的雇员不再是在一个或者两个组织中完成终身职业生涯，而必须在多个岗位、多个部门甚至多个组织、多个职业中实现自己的职业生涯。它超越了组织的界限，职业生涯的不稳定性或动荡性将更加突出，员工将可能更多地面临职业生涯危机，个人自我职业生涯管理能力变得更加重要。由于职业成功的客观标准容易受到个人无法控制的因素影响，使得客观标准的重要性程度越来越弱。因此，学者们引入"个人市场竞争力"指标，指出那些能对当前雇主保持价值增值和被外部组织认为非常有竞争力的员工是成功的。有的研究强调个人市场竞争力的重要性，并把竞争力分成了"内部市场竞争力"和"外部市场竞争力"。其中，"内部市场竞争力"指标保证员工对现任雇主有价值，有利于员工在组织内部的职业发展以及降低被解雇的可能性；而"外部市场竞争力"则代表员工对外部劳动力市场上其他雇主的价值，以及找到新工作的难易程度。因此，无边界职业生涯时代，简单地使用工作满意度和职业满意度两个指标来衡量主观职业成功已经不能满足要求了。在无边界职业生涯时代，主观职业成功标准比客观职业成功标准更为重要，主观职业成功评价标准包括胜任能力的增强、从别人那里获得尊敬、学习机会。生活满意度在一定程度上反映工作家庭平衡。除此以外，许多研究者关注于从工作中得到的很多其他内容：安全、社会交往、收益、工作的意义、挑战性、工作目的、工作生活的平衡、地位、自己能支配的时间等。

二、个人因素对职业成功的影响

个人因素包括人口统计变量、心理等方面。人口统计变量主要有性别、年龄、婚姻状况等。大量的研究显示，人口统计变量是客观职业成功的重要决定因素。心理因素包括自我效能感、人格特质等。有学者通过使用"大五人格模型"考察智力、个性与外在职业生涯成功（工资和职业地位）、内在职业生涯成功（工作满意度）之间的关系，研究发现，责任心与内在、外在职业成功正相关：外倾性与外在职业成功正相关，但与内在职业成功（工作满意度）的关系并不显著。实证研究结果显示：自信卓越（处世态度）对职业生涯成功有显著的正向预测作用。善良维度对职业生涯成功有显著的负向预测作用。外向性、热情（人际关系）、决断坚韧（才干）的预测作用不显著，但与职业生涯成功显著正相关。情绪性、严谨自制（行事风格）对职业生涯成功没有预测作用，且相关不显著。

三、组织因素对职业成功的影响

余琛（2009）通过对100余名知识型人才的调查发现，职业成功与组织支持认知呈正相关，当认知到组织对自己的支持，知识型人才将以更加努力的工作回报组织，这就表现为职业成功。

组织因素主要有组织的规模、组织职业管理、组织支持等。研究者发现，大型组织付给员工的薪酬高于小型组织，大公司有更多的职位空缺，因此会提供更多的晋升机会。不过并不是所有的研究都支持这个结论，Whitely（1991）等人则认为，虽然大公司空缺岗位多，但优秀人才也多，人才竞争更为激烈，所以每个员工能获得的晋升机会并不多。

四、社会因素对职业成功的影响

社会因素主要是从社会资本、社会网络的角度来进行的。学者证实了社会资本对职业生涯成功的影响和作用，对社会资本影响职业生涯成功的过程进行了揭示。国内首先对社会资本与职业成功关系进行研究的是龙立荣和王忠军。龙立荣和王忠军实证分析表明：社会资本对员工的职业成功有着重要的作用。此外，有研究表明，个人在组织中的非正式网络联系越多，他获得的信息和资源就越多，晋升的可能性就越大。社会网络与职业成功的关系是通过网络利益（资源和职业支持）的中介作用实现的。社会网络的各个指标对网络利益产生影响。网络利益对职业成功作用过程中，网络资源仅对管理人员职业满意度产生显著的正向影响，而职业支持对管理人员的职业成功各指标都有显著的影响。现在国内对职业成功的研究还处在起步阶段，许多学者也仅仅是对国外的职业成功理论进行综述，对职业成功进行的实证研究还很少。余琛（2010）从心理契约的视角，对职业成功的影响因素做了比较深入的研究，创造性地提出知识型人才职业成功的内外动力系统。她以知识型人才为研究对象，在职业成功评价标准的基础上，结合有关职业成功的案例，重点探索了其职业成功的途径，即内外动力系统：其一，内部动力系统，包括职业承诺、工作伦理、职业的自我管理、成就需求。其二，外部动力系统，包括组织支持认知、人力资源政策、组织职业生涯管理措施、结合心理契约对知识型人才的激励等。

第三章　研究框架与实证研究设计

第一节　研究的内容、方法

一、研究对象

对国内 712 名高校教师（广义的教师，含专业教师、行政管理人员、其他专技人员、工勤人员等）进行问卷调查。重点访谈 50 名案例。样本选择时既注重样本随机性，又兼顾各种人口变量与职业变量下的样本数量充足性，如青年教师、海归教师、非编人员等。用现实契约与发展契约来描述教师心理契约。实现教师心理契约横截面数据的静态分析和时间序列数据的追踪分析。在初期入职、职业倦怠期、职业高原期、职业退出期等阶段对教师的心理契约状况与职业发展困境做研究。

二、研究内容

中国高校教师职业生涯现状分析。运用关键事件技术法收集并列举引发教师心理契约违背的关键事件、心理契约违背调节方式。海外高校教师与中国高校教师心理契约激励管理与职业发展管理模式比较。在教育国际化视野下，分析国外高校师资管理经验的本土化应用。从教师、高校两个层面提出解决高校教师职业生涯发展困境的对策，即基于心理契约的教师职业生涯管理模式研究。员工如何进行职业生涯的自我管理。组织如何进行职业生涯管理。提出避免心理契约违背感的途径、基于心理契约的师资管理与生涯发展激励模式。分析不同职业阶段（入职适应期，中期的职业倦怠期、职业高原期）高校教师的职业生涯自我管理与组织的生涯管理特点。运用统计软件对调查样本总体和依照人口特征、职业特征划分的群体进行心理契约违背与职业发展的相关关系定量分析。对比寻找教师不同类型心理契约违背的成因，并提出避免心理契约违背感的途径、基于心理契约的管理与激励模式。

三、预期目的

通过研究目前高校教师职业生涯发展现状，探究心理契约视角下教师职业发展内动力（生涯自我管理）与组织的生涯管理外动力的交互作用规律，找出教师组织归属感不强、职业倦怠、产生离职倾向等消极职业心态和职业行为的深层次原因，就如何破解中国高校教师职业生涯困境、完善教师心理契约管理与激励提出若干对策建议。

四、研究思路与方法

基本思路如图 3.1 所示。

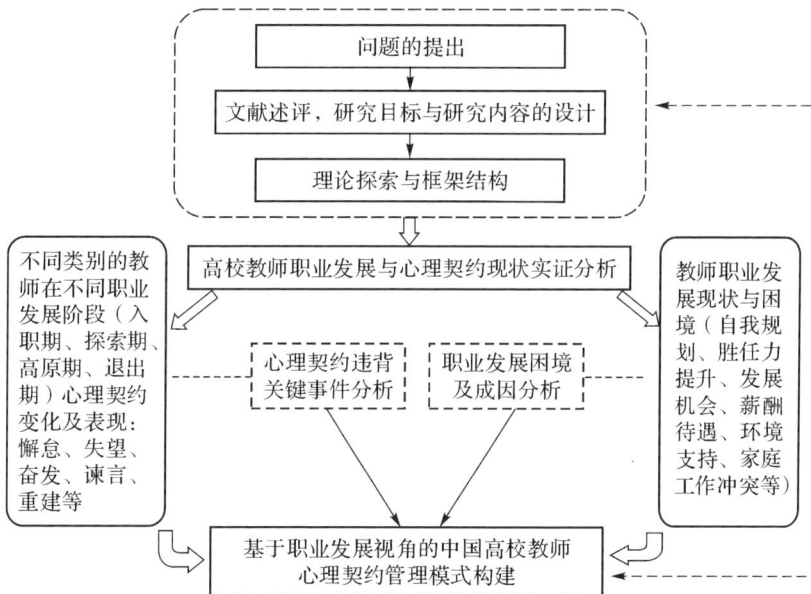

图 3.1 高校教师心理契约与生涯发展实证研究框架

第二节 问卷设计与研究方法

一、指标的构建

访谈 50 名教师，通过座谈形式，收集高校教师的心理契约指标条目。在文献资料基础上，采用德尔菲法构建心理契约指标。在制定教师心理契约维度和内容时结合中国的国情和文化。世界不同经济制度的地方，文化价值不同；不同文化群体因价值观和态度不同，行为也不同。中国文化深受儒家、道家学说影响；而西方文化是欧洲传统文化和北美特殊环境相结合的产物，基督教精神和体现在宪法中的自由主义思想是西方的精神传统和思想资源。中国是典型的集体主义文化，而美国是典型的个体主义文化；中国的权力距离（指一个社会中的人群对权力分配不平等这一事实的接受程度）比西方国家的大；中国文化重视传统，强调长期导向，而西方国家更重视短期取向。这些差异在心理契约上的体现是：中国人更注重关系维度，持长远观点，对小的心理契约违背多采取容忍的态度，服从集体，以期通过自己的完善得到组织的支持和赏识；西方国家员工则更加凸显自我，看重交易维度，注重短期利益。

二、问卷的设计

调查问卷内容包括个人基本情况、对高校履行义务的评价、对自身履行义务的评价、工作满意度、组织归属感、组织忠诚度、离职倾向、离职成本、对教师的评价，问卷采用李克特量表五分法。问卷指标部分借鉴了张立迎、白艳莉、余琛等人的研究内容。

（一）个人基本资料

个人基本资料具体包括性别、婚姻状况、最高学历、职称、年龄、在现工作单位的工龄、现工作单位的地域、工作岗位、工作职位、专业、有多长时间的海外学习经历、有几个孩子、学校类型、学校性质、是否编制内、年收入等。

（二）生涯阶段特征

从职业发展的四个阶段中选取指标，判断教师与哪个职业阶段的特征较为吻合。具体包括：我正在寻找真正感兴趣的工作内容；在我选定的职业领域开始起步；我希望在目前的工作领域取得更快的发展和进步；逐渐适应现有的这份工作；维持目前的工作状况与工作业绩；找到值得我去努力解决的新问题；我会规划和安排好退休生活；我想开发出可以优化和简化我工作的新方法等。

（三）职业发展情况

职业发展情况具体包括：目前的工作与我的职业理想有关（职业价值观）；我感觉自己的职业能力得到了不断的锻炼与提升（职业技能）；我对目前的工作感兴趣（职业兴趣）；与同事相比，我的职称或职务提升速度比较快（晋升）；与同事相比，我的薪资增长速度比较快（待遇）；我很难调和工作—家庭冲突，时间和精力不够（工作—家庭冲突）；我常常感到疲倦，对工作没有什么热情（职业倦怠）。

（四）职业满意度

采用工作满意度调查量表（明尼苏达量表）。

（五）组织责任

组织责任包括生存保障、制度支持、资源支持、沟通参与、成长发展五个维度。

生存保障维度包括以下指标：提供有竞争力的薪资，提供完善的福利，提供住房保障，帮助教师解决生活中的实际困难，保障长期稳定的工作。

制度支持维度包括以下指标：提高行政管理水平，制定合理的规章制度，制定公平公正的考核晋升机制，合理安排工作任务，建立教师工作绩效的反馈机制，实施公平的奖惩机制。

资源支持维度包括以下指标：提供良好的教学办公条件，尊重教师在教学中的自主权，配备充分的科研资源。

沟通参与维度包括以下指标：让教师参与与自身利益相关的重大决策，重视教师合理的意见和建议，尊重教师知情权，保证信息沟通渠道畅通，在招聘过程中真实传达关于求职者和组织的信息。

成长发展维度包括以下指标：提供学习培训的机会，提供成长性的工作机会，支持教师职业生涯规划，注重人才梯队建设，为科研提供政策制度支持，建设良好的专业（教学、科研）互动平台。

（六）员工责任

员工责任包括敬业守规、关心学生、科研投入、认同支持四个维度。

敬业守规维度包括以下指标：保质保量完成教学任务，遵守学校规章制度，遵守教师职业道德，为人师表。

关心学生维度包括以下指标：指导学生课外实践，与学生建立、保持良好的师生关系。

科研投入维度包括以下指标：加强学术研究能力，完善知识结构，参加学术交流活动。

认同支持维度包括以下指标：关心学校发展，参与学校决策，维护和提升学校声誉，参加集体活动，与领导、同事和睦相处。

（七）心理契约违背调节方式

心理契约违背调节方式有 4 种，分别是：

调节方式 1（建言）：主动、明确地谈判（主动与直接领导面谈，直陈自己的感受，暗示或明示自己的需求，主动争取"员工—组织"双方面心理契约的新平衡）。

调节方式 2（懈怠）：降低自己对组织的责任兑现（即对自己投资的调整一）。

调节方式 3（奋发）：提高自己对组织的责任兑现（即对自己投资的调整二）。当感知到心理契约的违背时，不抱怨组织，而是理解为员工自身在对组织的责任履行上存在不足，自我反省。

调节方式 4（失望）：通过降低自身对组织责任的期许来调和冲突。

（八）职业承诺

职业承诺包括观念、态度、情感承诺、规范承诺、机会承诺、理想承诺六个维度。

（九）离职倾向与行为

离职倾向与行为包括：我在积极寻求新的工作机会；我感觉可能会离开现在的工作岗位；如果可以自由选择的话，我会离开现在的岗位等。

（十）组织公民行为

组织公民行为包括：我积极为学校发展提出合理有效建议；我会为适应学校发展而努力自我提升；我积极维护学校的声誉；我与学校荣辱与共、愿意为其牺牲个人利益；我会帮助同事解决工作或生活中的困难；我会主动帮助有困难的学生等。

（十一）心理契约违背关键事件

心理契约违背关键事件采用半结构化面谈。

三、研究方法

（一）文献探讨法

收集国内外相关专著、论文、期刊、政府出版物，以及有关心理契约、离职倾向与大学生就业现状的相关文献，作为理论与实证分析的基础。

（二）问卷调查研究法

筛选样本，设计问卷，初发问卷回收，信度效度分析，修改问卷，正式问卷的发放和回收。

（三）关键事件技术法、访谈法

选取具有代表性的职业探索期知识员工，询问其印象最深刻的引发离职倾向的事件，并据此进行访谈。

（四）统计分析法

将收集到的资料，采用统计软件进行下列分析。

单因素方差因素分析：研究在同一名义变量下不同个体水平间的差异。

描述性统计：了解总体样本心理契约违背感、离职倾向的平均数、波动情况等。

相关关系分析：了解教师心理契约违背感与离职倾向等的相关关系。

多元回归：比较样本总体以及不同人口特征和职业特征下心理契约、组织公民行为、职业发展等关系的差异。

四、研究假设

假设 1.总体来说，高校教师中普遍存在"心理契约违背感"的感知。

假设 2.高校教师"先就业、后择业"择业观与心理契约违背感、离职倾向正相关。

假设 3. 教师职业生涯发展是内外动力交互影响的结果。

假设 4. 不同类型教师心理契约违背感的重点维度不同。

假设 5. 教师不同发展阶段心理契约的重点维度不同。

第四章　实证研究

第一节　实证分析与总体样本讨论

一、总体样本统计描述分析

此次调查采用的三个途径共分发问卷 1002 份，回收有效问卷 712 份，总体有效回收率 71.06%。将有效问卷按回函日期排序，前 1/4 为早期回函者，后 1/4 为晚期回函者。比较两分群在年龄、学历、组织类别上的差异，结果显示早、晚期回函者间并无任何显著差异，有效问卷应具适度的代表性。总体样本描述特征见表 4.1。

表 4.1　样本总体情况统计（$N = 712$）

内容		人数（频数）	人数（百分比）
性别	男	338	47.47%
	女	374	52.53%
婚姻状况	未婚	106	14.89%
	已婚	598	83.99%
	其他	8	1.12%
学历	大专	0	0.00%
	本科	126	17.70%
	硕士	455	63.90%
	博士	131	18.40%
年龄	20 岁及以下	2	0.28%
	21–30 岁	132	18.54%
	31–40 岁	376	52.81%
	41–50 岁	129	18.12%

续表

内容		人数（频数）	人数（百分比）
年龄	50-60 岁	62	8.71%
	60 岁以上	11	1.54%
工龄	3 年以下	120	16.85%
	3-10 年	253	35.53%
	10-20 年	284	39.89%
	20-30 年	33	4.63%
	30 年以上	22	3.09%
专业	哲学	18	2.53%
	经济学	61	8.57%
	法学	58	8.15%
	教育学	87	12.22%
	文学	155	21.77%
	历史学	16	2.25%
	理学	71	9.97%
	工学	83	11.66%
	农学	4	0.56%
	医学	10	1.40%
	军事学	2	0.28%
	管理学	147	20.65%
孩子数量	0	182	25.56%
	1	385	54.07%
	2	143	20.08%
	3 个及以上	2	0.28%
岗位	专业教师	203	28.51%
	其他专技岗	48	6.74%
	辅导员	116	16.29%
	行政管理	332	46.63%
	工勤	4	0.56%

续表

内容		人数（频数）	人数（百分比）
岗位	其他	9	1.26%
学校类型	211	73	10.25%
	普通本科	534	75.00%
	高职、大专	87	12.22%
	其他	18	2.53%
学校性质	公办	678	95.22%
	民办	28	3.93%
	其他	6	0.84%
编制	编内	631	88.62%
	编外	81	11.38%
收入	≤ 10 万	216	30.34%
	10 万 –15 万	294	41.29%
	15 万 –20 万	115	16.15%
	20 万 –25 万	50	7.02%
	25 万 –30 万	30	4.21%
	30 万以上	7	0.98%
职称	初级	81	11.38%
	中级	356	50.00%
	副高	132	18.54%
	正高	64	8.99%
	未定级	79	11.10%
职位	中层及以上	169	23.74%
	中层以下	543	76.26%

总体样本中，169 人属于中层及以上职务（占比 23.74%），543 人属于中层以下教工，见图 4.1。

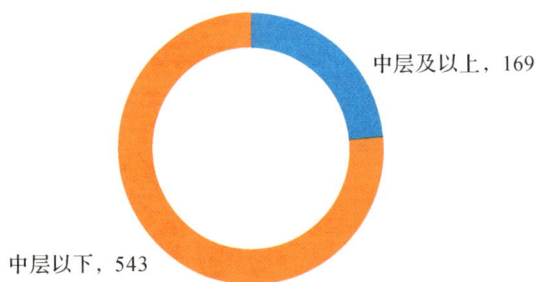

中层及以上，169

中层以下，543

图 4.1　整体样本职位分布

　　样本中，职称分布最多的是中级，占比 50.00%，其次依次是副高（18.54%）、初级（11.38%）、未定级（11.10%）、正高（8.99%），见图 4.2。

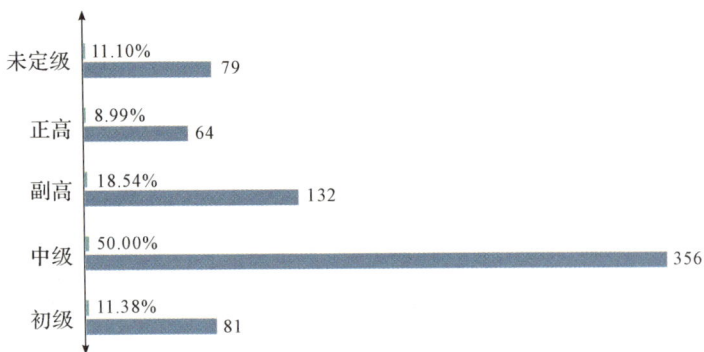

未定级	11.10%　79
正高	8.99%　64
副高	18.54%　132
中级	50.00%　356
初级	11.38%　81

图 4.2　整体样本职称分布

　　未定级的主要包括两种情况：一是新入职的教师未到评职称的工作年限；二是在推行职员制后，基层管理岗行政人员不再具有评职称的资格，而是改为评定职级，职级上升主要依赖的是工作年限。

　　从某种程度上而言，专技岗可以凭自身努力获得晋升，而行政管理岗若无法成功竞聘中层的话，主要靠积累年限来获得职级的上升。这对某些人而言是利好的，因为只要做好日常本职工作即可，剩下的交给时间，即"混年头"。而对于一部分原本在自身业务上有所积累的行政管理人员而言，则是一种负向激励，即意味着之前的科研积累无法在职称的赛场上"兑现"，因为他们被"职称评聘"这个大学里最核心的赛场拒之门外。这些"有力气无处使"的管理岗人员往往出现两个去向：一是想方设法从管理岗转专技岗；二是带着无法进入核心赛场的无奈继续从事行政工作。

样本的总体收入分配如图 4.3 所示，分布最多的是 10 万—15 万元收入区间（41.29%），其次依次是小于 10 万元（30.34%）、15 万—20 万元（16.15%）、20 万—25 万元（7.02%）、25 万—30 万元（4.21%）、30 万元以上（0.98%）。

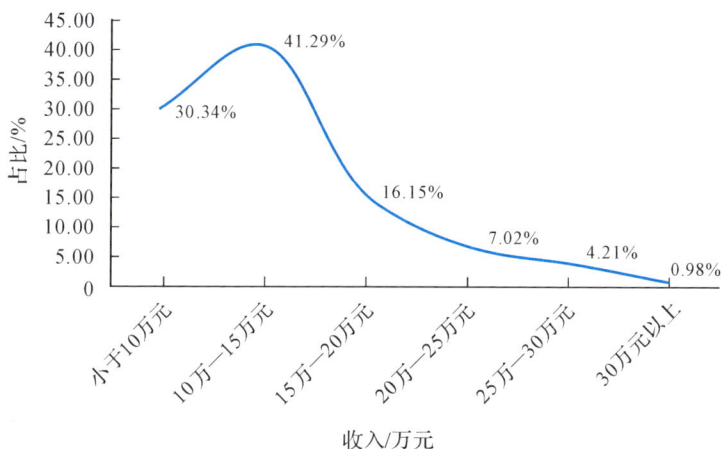

图 4.3　整体样本收入分布

是否在编，对于在高校工作的教工而言，是非常重要的身份标识。在编，意味着职业安全性更高，工作内容较为重要，工作报酬较高。编外人员的工作内容更具有可替代性，一般是后勤保障性质的居多，相对地，工作稳定性较差，工作收入较低，正因为如此，工作流动性也更大。如图 4.4 所示，本研究中，在编人员占 88.62%，编外人员占 11.38%。

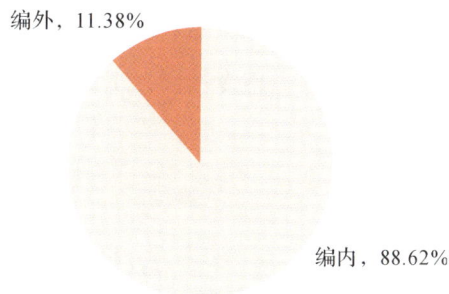

图 4.4　整体样本在编情况分布

在学校性质方面，95.22% 的样本来自公办院校，3.93% 来自民办院校，0.84% 来自其他，见图 4.5。

图 4.5　整体样本学校性质分布

在学校类型方面，75.00% 的样本来自普通本科院校，12.22% 来自高职高专院校，10.25% 来自 211 院校，2.53% 来自其他院校，见图 4.6。

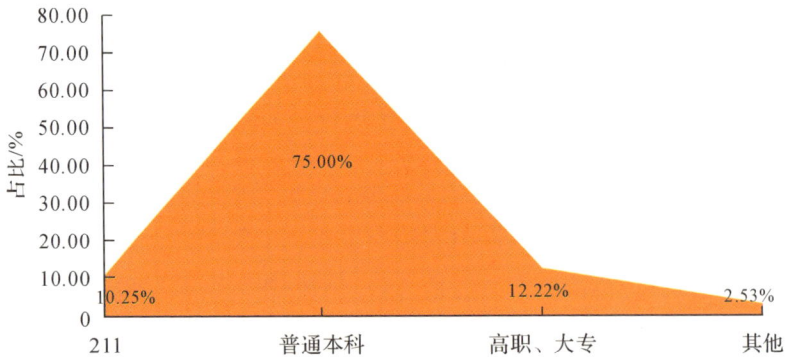

图 4.6　整体样本学校类型分布

在岗位分布方面，46.63% 的样本从事行政管理，28.51% 来自专业教师，16.29% 来自辅导员，6.74% 来自其他专技岗，工勤占 0.56%，其他不便分类的占 1.26%，见图 4.7。

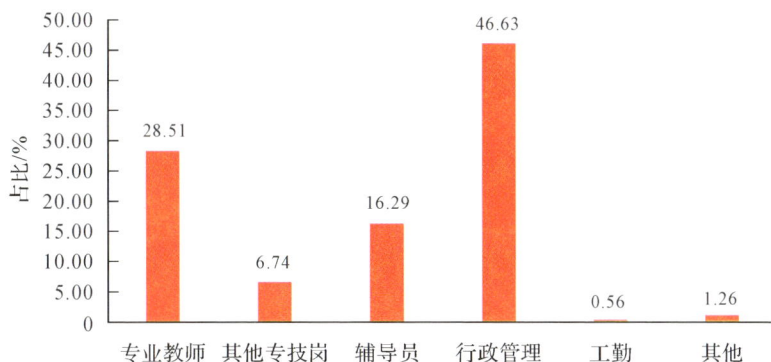

图 4.7　整体样本岗位分布

工作、家庭是人生活中最为重要的组成部分。而子女的生育数量又与家庭生活息息相关。在子女数量方面，54.07% 的样本生育一孩，25.56% 的样本尚未生育，20.08% 的样本生育二孩，0.28% 的则为生育三孩及以上的样本，见图 4.8。

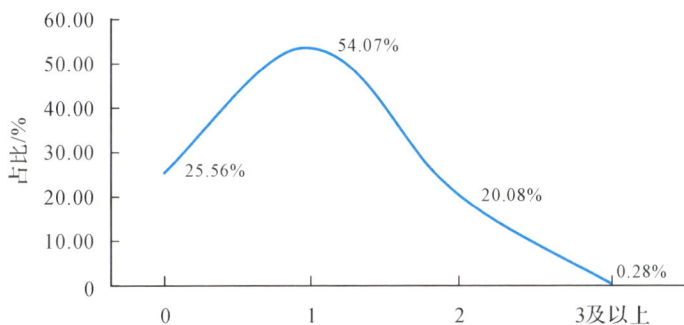

图 4.8　整体样本生育孩子的数量

受访样本专业分布如图 4.9 所示，样本专业集中在管理学（147 人）、文学（155 人）、教育学（87 人）、工学（83 人）、理学（71 人）、经济学（61 人）、法学（58 人）。人数较少的专业为哲学（18 人）、历史学（16 人）、医学（10 人）、农学（4 人）、军事学（2 人）。

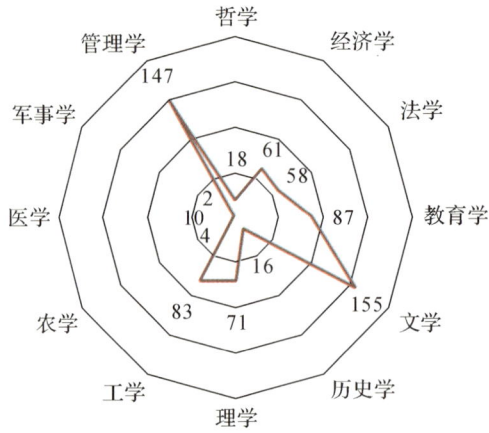

图 4.9　整体样本专业分布

样本工龄分布如图 4.10 所示，工龄 10—20 年者居多（39.89%），3—10 年者占 35.53%，3 年以下者占 16.85%，20—30 年者占 4.63%，30 年以上者占 3.09%。

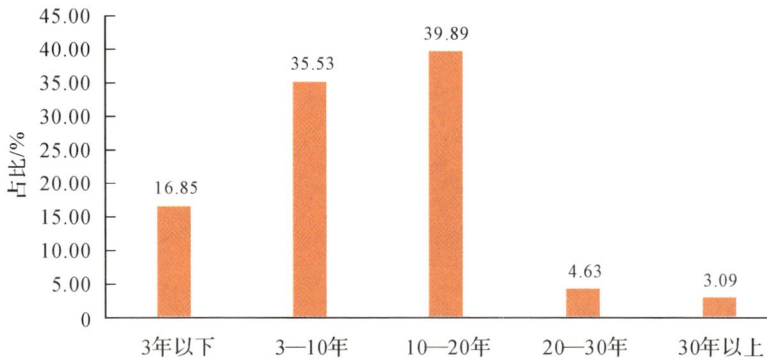

图 4.10　整体样本工龄分布

样本年龄分布如图 4.11 所示，30—40 岁者居多（52.81%），20—30 岁者其次（18.54%），40—50 岁者更少（18.12%），50—60 岁者仅为 8.71%，60 岁以上者占 1.54%，20 岁以下最少，为 0.28%。

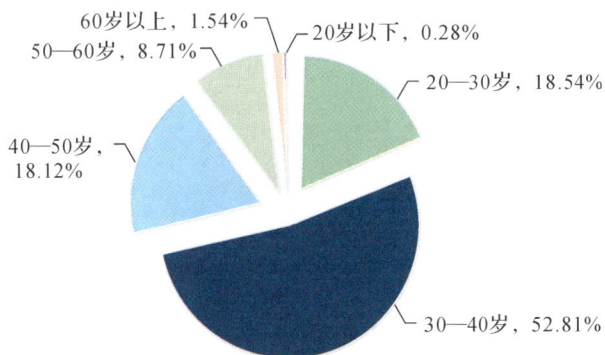

图 4.11　整体样本年龄分布

样本性别分布如图 4.12 所示，男性为 47.47%，女性为 52.53%。

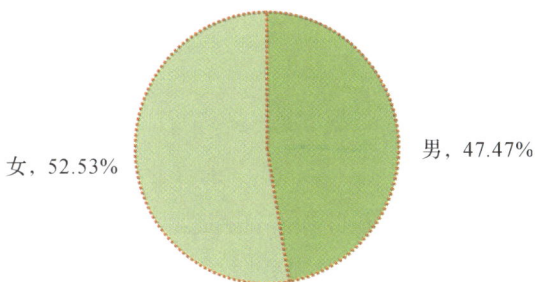

图 4.12　整体样本性别分布

二、总体样本省份分布情况

712 份有效样本分布在浙江省等 20 个省市。其中，浙江省分布最为密集，占比 41.57%，其次分别为北京、山东、江苏、广东。

三、总体样本心理契约违背感和离职倾向的描述性统计

如表 4.2 所示，712 个被测样本中，产生心理契约违背感的人数为 631（88.62%）。说明高校教工中普遍发生过心理契约违背感。"假设 1. 总体来说，高校教工中普遍存在'心理契约违背感'"的假设成立。

表 4.2 心理契约违背感和离职倾向的描述性统计（*N*=712）

变量 分值	心理契约违背感	离职倾向
平均值	0.83	1.63
最小值	−0.30	0.64
最大值	2.13	2.91
标准差	0.51	0.40
得分为正（产生心理契约违背感）的人数	631	—
得分为0（员工感知到的组织承诺的责任和组织兑现的责任完全一致）的人数	66	—
得分为负（心理契约高度满足）的人数	15	—

四、高校教工"先就业、后择业"择业观与心理契约违背感、离职倾向的相关关系

不少用人单位将员工的频繁离职归咎于其"先就业、后择业"的择业观念。那么，员工的"先就业、后择业"的择业观是否真的与离职倾向（行为）有正相关关系？笔者试在此做实证探索。本研究中的"先就业、后择业"择业观，具体包含以下题项（得分越高，表示越赞同"先就业、后择业"的价值观，其中第三题、第五题反向计分）：

1. 离职对我来说是迟早的事情。

2. 离职是对自身职业生涯的修正与完善。

3. 离职是职业生涯遇到障碍时，不得已而为之。（反向计分）

4. 当初来现单位就职，就是无奈之举。

5. 我不赞同"先就业、后择业"的择业态度。（反向计分）

由表 4.3 可知，"先就业、后择业"择业观与"心理契约违背感""离职倾向"显著正相关，相关系数分别为 0.490、0.634。即越赞同此择业观的教工心理契约违背感越强烈，离职倾向也越明显。

表 4.3　"先就业、后择业"择业观、心理契约违背感、离职倾向相关关系表

Control Variable		离职倾向 Y	心理契约违背	发展机会违背	物质激励违背	环境支持违背	择业价值观
−none[a]	离职倾向 Y	1.000	0.489**	0.449**	0.305**	0.510**	0.634**
	心理契约违背	0.489**	1.000	0.779**	0.710**	0.864**	0.490**
	发展机会违背	0.449**	0.779**	1.000	0.592**	0.625**	0.435**
	物质激励违背	0.305**	0.710**	0.592**	1.000	0.571**	0.361**
	环境支持违背	0.510**	0.864**	0.625**	0.571**	1.000	0.427**
	择业价值观	0.634**	0.490**	0.435**	0.361**	0.427**	1.000
择业价值观	离职倾向 Y	1.000	0.265**	0.250**	0.105	0.341**	−
	心理契约违背	0.265**	1.000	0.721**	0.655**	0.831**	−
	发展机会违背	0.250**	0.721**	1.000	0.517**	0.540**	−
	物质激励违背	0.105	0.655**	0.517**	1.000	0.494**	−
	环境支持违背	0.341**	0.831**	0.540**	0.494**	1.000	−

**. Correlation is significant at 0.01 level

a. Cells contain zero−order (Pearson) correlations.

　　进一步观察发现，计算秩相关系数时，物质激励违背和离职倾向呈显著正相关关系（ $r = 0.305$ ）。但是在控制"择业价值观"变量后，物质激励违背和离职倾向的正相关关系（ $r = 0.105$ ）变得不显著。可见，择业价值观、物质激励违背、离职倾向三者之间存在相关关系。一般地，持"先就业、后择业"择业观的职业探索期知识员工大都抱着交易的心态在现单位就职，以时间换经验，以劳动换金钱，准备积累一定资历后寻找更理想的工作。在交易型的心理契约下，员工注重的是短期的物质回报；而就业初期员工的待遇都比较低，容易产生"物质激励违背"，进而导致离职倾向的产生。（说明：持"先就业、后择业"择业观的高校教工更容易产生心理契约违背感和离职倾向。）此外，离职倾向与离职次数存在显著正相关关系，相关系数为 0.271，即离职倾向高的教工往往是那些离职次数多的人；离职倾向与择业价值观高度正相关，相关系数为 0.682；离职次数与择业价值观高度正相关，相关系数为 0.276。离职倾向与离职成本并不存在显著相关性。

"假设 2. 高校教师'先就业、后择业'择业观与心理契约违背感、离职倾向正相关"成立。

五、总体样本职业现状分析

（一）职业满意度

总体样本数据显示，职业发展满意度均值为 2.98（5 分为满意，4 分为比较满意，3 分为一般，2 分为比较不满意，1 分为不满意），说明大体上高校教师对自己的职业发展不是很满意。与之相对的职业满意度得分为 3.62，说明教师对职业总体满意，也许他们对自身的职业发展有更高的抱负，毕竟高校聚集的都是知识员工，对自身的职业体验和事业高度有一定的追求，见图 4.13。

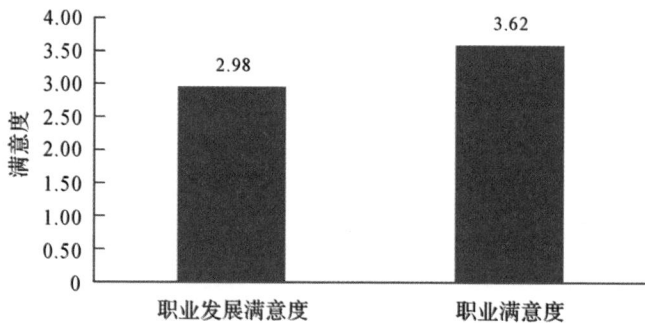

图 4.13　整体样本职业发展现状分析

关于职业发展的数据显示见表 4.4（满分 5 分，5 分表示非常赞同，4 分表示赞同，3 分表示不确定，2 分表示不赞同，1 分表示很不赞同）。"我常常感到疲倦，对工作没有什么热情"得分最高项为 3.67 分，可见高校教师中职业倦怠普遍存在。与此同时，"我感觉自己的职业能力得到了不断的锻炼与提升"得分为 2.21，表示相当一部分人认为自己的能力在工作中没有得到足够的提升。薪资待遇与职务提升也是矛盾的主要集中点，满意度分别为 2.74 与 2.03，说明外部动力不足。此外，"我很难调和工作—家庭冲突，时间和精力不够"得分为 3.82，说明工作—家庭冲突也是影响高校教工职业发展的因素之一。说明大体而言，教工认为存在诸如"工作—家庭"矛盾、职业倦怠，对薪酬的激励效果不太满意。

表4.4　职业成长指标均值

指标	均值
1. 目前的工作与我的职业理想有关	3.07
2. 我感觉自己的职业能力得到了不断的锻炼与提升	2.21
3. 我对目前的工作感兴趣	3.07
4. 与同事相比，我的职称或职务提升速度比较快	2.03
5. 与同事相比，我的薪资增长速度比较快	2.74
6. 我很难调和工作—家庭冲突，时间和精力不够	3.82
7. 我常常感到疲倦，对工作没有什么热情	3.67

职业满意度得分较高的三项是"工作的稳定性"（4.14）、"能够做一些不违背良心的事情"（4.05）、"能够为其他人做些事情的机会"（4.00）。说明教工最满意的是高校工作的稳定性，其次是觉得从事教育工作是正直、不违背良心、可以助人的，见表4.5。

表4.5　职业满意度均值

	指标	均值
职业满意度	1. 能够一直保持忙碌的状态	3.54
	2. 独立工作的机会	3.76
	3. 时不时地能有做一些不同事情的机会	3.59
	4. 在团体中成为重要角色的机会	3.55
	5. 我的上司对待下属的方式	3.71
	6. 我的上司做决策的能力	3.65
	7. 能够做一些不违背良心的事情	4.05
	8. 我的工作的稳定性	4.14
	9. 能够为其他人做些事情的机会	4.00
	10. 告诉他人该做些什么的机会	3.80
	11. 能够充分发挥我的能力的机会	3.70
	12. 对单位执行政策的方式	3.38
	13. 我的收入与我的工作量	3.05
	14. 职位晋升的机会	3.02

续表

指标		均值
职业满意度	15. 能自己做出判断的机会	3.54
	16. 自主决定如何完成工作的机会	3.58
	17. 对工作条件满意	3.41
	18. 同事之间相处的方式	3.87
	19. 工作表现出色时，所获得的奖励感	3.41
	20. 我能够从工作中获得某种成就感	3.63

得分较低的两项是"我的收入与我的工作量"（3.05）、"职位晋升的机会"（3.02），说明大体而言，教工认为自己的工作收入较少，工作相对收入而言并不轻松，最不满意的是缺乏晋升的机会。晋升属于外部赋能的一种形式，在每位教工的职业生涯中都是至关重要的，这是资源配置与个人成长的重要转折点。某种意义上，也是员工的筛选与分流形式，是否能成为高校发展的"少数关键"群体，也是外部动力在资源（职称、职务、职级）分配上的体现。

（二）职业阶段与工作年数

对生涯阶段的理解不应该仅仅以工作年数作为区分，更应该结合职业特征。有的人工作三五个月已经出现职业倦态，有的人工作二三十年仍然虚怀若谷，不断学习，不断探索。有的人从一入职就遇到职业瓶颈期，然后离职，他都没有经历过"职业发展和上升期"。根据本研究，对教师的职业划分大致可以分为生涯探索期、立业期、生涯维持期、生涯退出期四个阶段，这与样本工作年数没有显著相关性，更关注的是其工作状态。"在我选定的职业领域开始起步"得分最低，为3.24；"我想开发出可以优化和简化我工作的新方法"得分最高，为4.04，说明生涯探索期的比例不高，也从侧面反映大部分教工已经较好地适应了目前的工作。优化、简化工作流程可以理解为提升工作效率，说明很多人在熟悉业务后倾向于设计优化目前的工作流程，也许是机构精简、提能增效的一个表现，见表4.6。

表 4.6　职业阶段均值

	内容	均值
职业阶段	1. 我正在寻找真正感兴趣的工作内容	3.60
	2. 在我选定的职业领域开始起步	3.24
	3. 我希望在目前的工作领域取得更快的发展和进步	3.98
	4. 逐渐适应现有的这份工作	3.94
	5. 维持目前的工作状况与工作业绩	3.82
	6. 找到值得我去努力解决的新问题	3.97
	7. 我会规划和安排好退休生活	3.63
	8. 我想开发出可以优化和简化工作的新方法	4.04

（三）组织公民行为

高校教工在组织公民行为方面的调研数据见图 4.14，比较赞同的指标依次是："我会主动帮助有困难的学生"（4.17）；"我会帮助同事解决工作或生活中的困难"（4.12）；"我积极维护学校的声誉"（4.09）。数据说明大部分的教工对学校、同事、学生充满了爱。

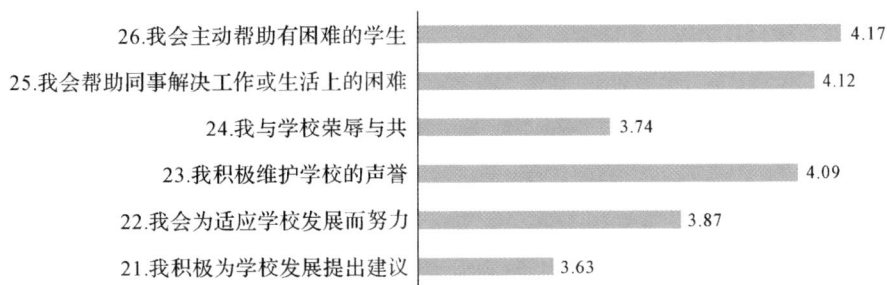

图 4.14　整体样本组织公民行为分析

（四）离职倾向分析

总体样本的离职倾向数据如图 4.15 所示（满分 5 分，5 分表示非常赞同，4 分表示赞同，3 分表示不确定，2 分表示不赞同，1 分表示很不赞同）。每个指标均值都低于 3 分，表示离职倾向不强烈。其中，"想调离本单位"得分为 2.59；"寻求新的工作机会"得分为 2.72；"可能会离开现在的工作岗位"得分为2.69;"可以自由选择的话,会离开目前的岗位"得分为2.79。可见样本数据倾向"岗位"上的变动大于"单位"的变动,也就是说教工整体上偏好在本单位内工作,即使变动工作,也主要针对的是岗位上的变化。

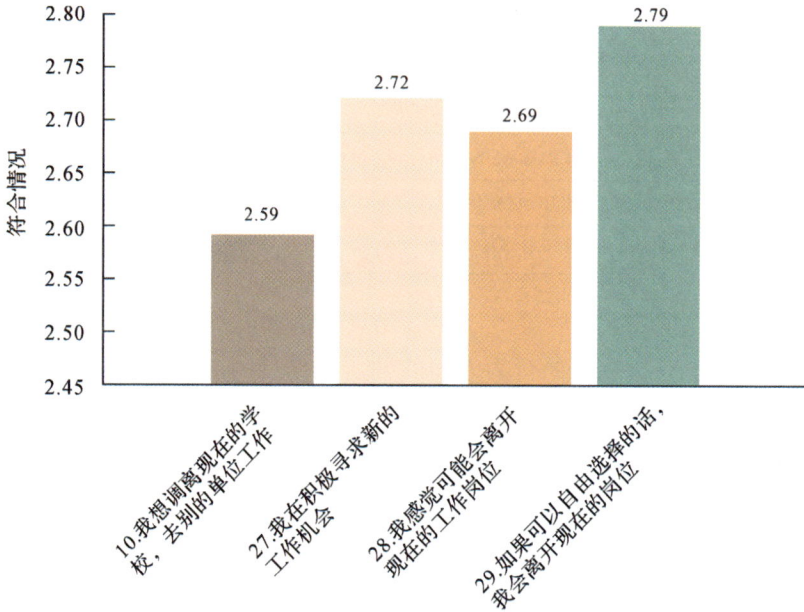

图4.15 整体样本离职情况分析

六、总体样本心理契约现状

(一)对组织义务的感知

成长发展维度下,样本认为最重要的组织义务是:"提供成长性工作机会"(4.47);"提供学习培训机会"(4.44);"支持教师职业生涯规划"(4.44)。员工认为组织执行较好的义务是"提供学习培训机会"(3.64),见图4.16。可见教工最看重的关键词是"学习""成长""职业规划",这也许是从一个侧面呈现了员工对外部动力的具体渴求。

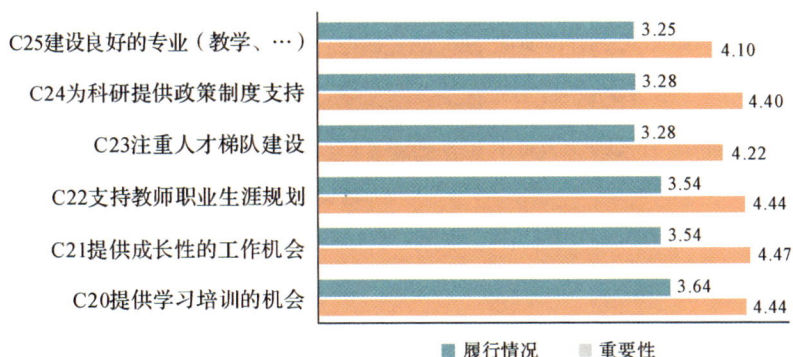

图 4.16　整体样本对组织义务的感知——成长发展

　　沟通参与维度下，教工认为最重要的组织义务是："保证信息沟通渠道通畅"（4.43）；"重视教师合理的建议"（4.42）；"尊重教师的知情权"（4.40）。整体样本对组织义务的感知——沟通参与见图 4.17。

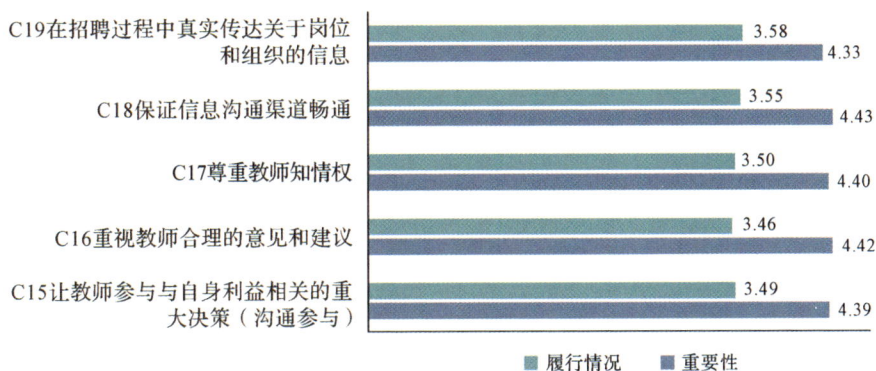

图 4.17　整体样本对组织义务的感知——沟通参与

　　资源支持维度下，教工认为最重要的组织义务是："尊重教师在教学中的自主权"（4.48）；"提供良好的教学办公条件"（4.44）；"配备充分的科研资源"（4.41）。可见，教工最看重的关键词是"自主权""科研资源"。整体样本对组织义务的感知——资源支持见图 4.18。

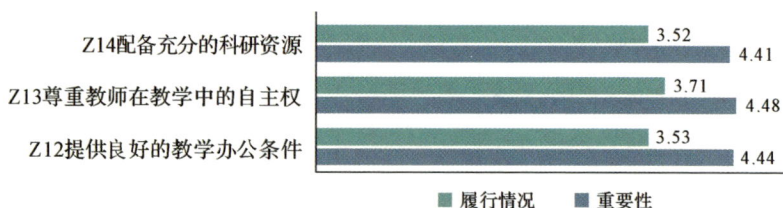

图 4.18　整体样本对组织义务的感知——资源支持

　　制度支持维度下，样本认为最重要的组织义务是："制定合理的规章制度（4.56）；"提高行政管理水平"（4.53）；"建立教师工作绩效的反馈机制"（4.49）。员工认为组织执行不佳的义务是"制定公平、公正的考核晋升机制"（3.46），"合理安排工作任务"（3.44）。可见，教工对组织运动的规章制度较为看重，因为这个规则是学校机器正常运转的保障，也是教工公平感、职业安全感的来源。此外，较为不满的是考核晋升和工作任务安排。这些都是外部动力需要改进的环节。整体样本对组织义务的感知——制度支持见图 4.19。

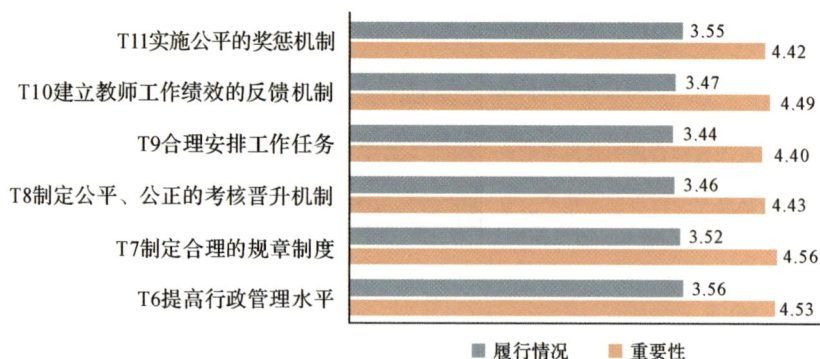

图 4.19　整体样本对组织义务的感知——制度支持

　　生存保障维度下，样本认为最重要的组织义务是："提供有竞争力的薪资"（4.44）；"提供完善的福利"（4.44）。员工认为组织执行不佳的义务是"提供住房保障"（2.96）。不论是公积金还是住房补贴，对于发达城市的高校教师而言，买房就像是压在头顶的大山，收入对于房价而言，杯水车薪。不少男性教师入职后无奈离职，很大的一个原因是没有能力购房，自古"安居乐业"是符合马斯洛需求层次的。实践证明，生活稳定才能更好地开展工作、追求事业。高房价和低收入已经形成鲜明的矛盾，特别是在沿海发达城市，高校教工的住房压力较为突出，福利分房或人才房成为一个重要的福利需求。这对高校引进人才是一个参考建议。整体样本对组织义务的感知——生存保障见图4.20。

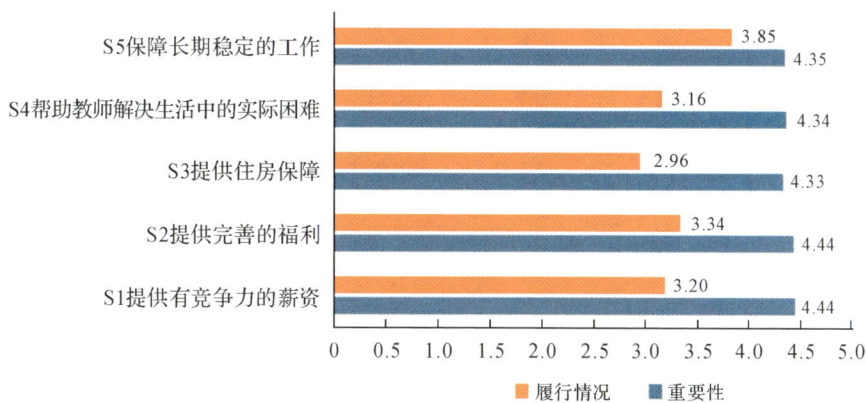

图4.20 整体样本对组织义务的感知——生存保障

在高校教师对组织责任的感知中，生存保障维度内最满意的指标是"保障长期稳定的工作"。

整体而言，样本对组织义务的重要性的感知顺序由高到低排在前三位的依次是：制度支持（4.48），资源支持（4.44），沟通参与（4.39）。整体样本对组织义务重要性的感知见图4.21。

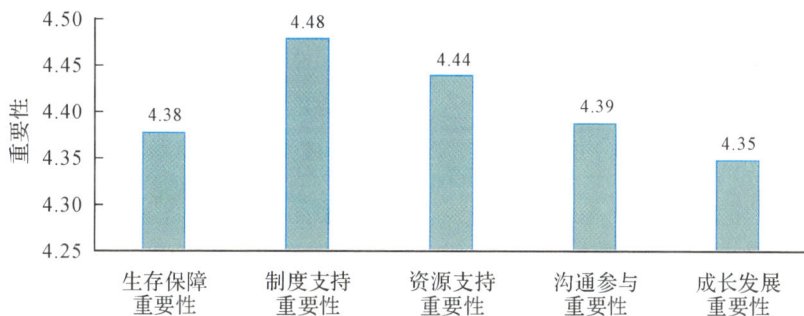

图4.21 整体样本对组织义务重要性的感知

与此相对，样本对组织义务的履行情况最不满意的是"成长发展"（2.90），最满意的是资源支持（3.58）。整体样本对组织义务履行情况的感知见图4.22。

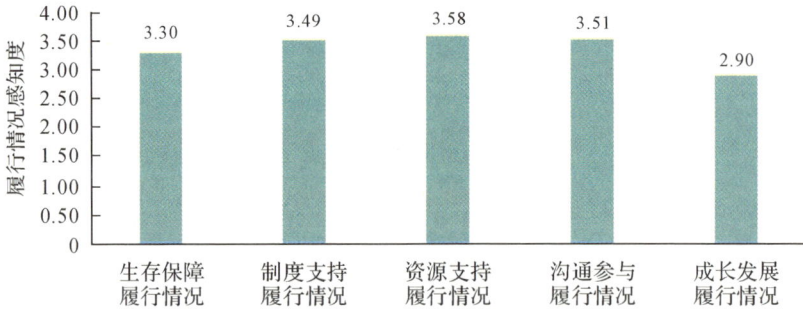

图4.22 整体样本对组织义务履行情况的感知

组织义务分为生存保障、制度支持、资源支持、沟通参与、成长发展等维度。在对组织重要性的感知中，5分表示很重要，4分表示比较重要，3分表示一般，2分表示不太重要，1分表示不重要。在对组织义务履行的感知中，5分表示非常满意，4分表示比较满意，3分表示一般，2分表示不太满意，1分表示非常不满意。

在组织义务的生存保障维度，教工认为"提供有竞争力的薪资""提供完善的福利"是最重要的，得分均为4.44；对于组织义务中"提供住房保障"是落实得最不理想的，得分仅为2.96。组织义务（生存保障）重要性与履行情况差异分析见表4.7。

表4.7 组织义务（生存保障）重要性与履行情况差异分析

组织义务	重要性	履行情况	差距
S1 提供有竞争力的薪资	4.44	3.2	−1.24
S2 提供完善的福利	4.44	3.34	−1.1
S3 提供住房保障	4.33	2.96	−1.37
S4 帮助教师解决生活中的实际困难	4.34	3.16	−1.18
S5 保障长期稳定的工作	4.35	3.85	−0.5

组织义务的制度支持维度，教工认为比较重要的前三项分别是"制定合理的规章制度（4.56）""提高行政管理水平（4.53）""建立教师工作绩效的反馈机制（4.49）"。

组织义务落实得最不理想的三项分别是"合理安排工作任务（3.44）""制定公平、公正的考核晋升机制（3.46）""建立教师工作绩效的反馈机制（3.47）"。见表4.8。

表4.8　组织义务（制度支持）重要性与履行情况差异分析

组织义务	重要性	履行情况	差距
T6 提高行政管理水平	4.53	3.56	-0.97
T7 制定合理的规章制度	4.56	3.52	-1.04
T8 制定公平、公正的考核晋升机制	4.43	3.46	-0.97
T9 合理安排工作任务	4.40	3.44	-0.96
T10 建立教师工作绩效的反馈机制	4.49	3.47	-1.02
T11 实施公平的奖惩机制	4.42	3.55	-0.87

在组织义务的"制度支持"的维度上，高校教工的感知如下：最看重的是"制定合理的规章制度"（4.56），其次是"提高行政管理水平"（4.53）。说明教工对学校的行政管理水平很看重。在组织义务的实施情况上，教工不满意的指标依次是："合理安排工作任务""制定公平、公正的考核晋升机制""建立教师工作绩效的反馈机制"，得分分别为3.44、3.46、3.47。

在组织义务的"资源支持"的维度上，高校教工的感知如下：最看重的是"尊重教师在教学中的自主权"（4.48），说明教工作为知识员工，对教学的自由和自主比较看重。在组织义务的实施情况上，教工最不满意的指标是："配备充分的科研资源"，得分仅为3.52。这说明，教师在科研上有自己较高的追求，但是现有的资源较为有限。此外，科研是教师职称职务的重要砝码，职称是高校对教师的"专业技术水平"的衡量标准之一，也是对教师尊重的外显。因此，教师渴望获得充分的科研资源并提升自身科研能力。组织义务（资源支持）重要性与履行情况差异分析见表4.9。

表4.9　组织义务（资源支持）重要性与履行情况差异分析

组织义务	重要性	履行情况	差距
Z12 提供良好的教学办公条件	4.44	3.53	-0.91
Z13 尊重教师在教学中的自主权	4.48	3.71	-0.77
Z14 配备充分的科研资源	4.41	3.52	-0.89

在组织义务的"沟通参与"的维度上，高校教工的感知如下：最看重的是"保证信息沟通渠道畅通"（4.43），其次是"重视教师合理的意见和建议"（4.42），说明教工对学校的信息的知情权与参与权很看重。说明教师在职场中的参与感、归属感在增加，也说明教师需要一个发声与被倾听的平台。在组织义务的"沟通参与"实施情况上，教工不满意的指标依次是："重视教师合理的意见和建议""让教师参与与自身利益相关的重大决策""尊重教师知情权"，得分分别为3.46、3.49、3.50。说明教工希望自己的合理意见被采纳，而不是参加流于形式的意见征集座谈会或是教师见面会。他们更关注意见提出后的反馈与兑现。组织义务（沟通参与）重要性与履行情况差异分析见表4.10。

表4.10　组织义务（沟通参与）重要性与履行情况差异分析

组织义务	重要性	履行情况	差距
G15 让教师参与与自身利益相关的重大决策	4.39	3.49	-0.9
G16 重视教师合理的意见和建议	4.42	3.46	-0.96
G17 尊重教师知情权	4.4	3.50	-0.9
G18 保证信息沟通渠道畅通	4.43	3.55	-0.88
G19 在招聘过程中真实传达关于单位和组织的信息	4.33	3.58	-0.75

在组织义务的"成长发展"的维度上，高校教工的感知如下：最看重的是"提供成长性的工作机会"（4.47），其次是"支持教师职业生涯规划"（4.44），"提供学习培训的机会"（4.44）。说明教工对个人成长相当看重。在工作中不断成长、学习培训、支持职业发展，都围绕着"职业发展"这个核心词汇。所以，从某种意义上来讲，给员工看得见的、有盼头的职业发展，是在成长上给员工的福利，这个福利是"长远的""深刻的""触

摸到精神层面的"，基于职业发展的激励，是驱动员工主观能动性的最根本的、最可持续的激励。

在组织义务的"成长发展"的维度实施情况上，教工不满意度指标依次是："建设良好的专业（教学、科研）互动平台""注重人才梯队建设""为科研提供政策制度支持"，得分分别为 3.25、3.28、3.28。说明教工渴求教学教研方面可以向别人借鉴学习，尤其在专业多元化、复合化的今天，单一的备课教学不利于年轻教师的快速成长，尤其是培养复合型人才的专业，更需要不同专业的教师切磋探讨，从各自专业擅长的角度为完善育人方案和教学计划出谋划策。此外，人才梯度建设也是高校人才建设的重要环节，老带新、传帮带，在一个高校的人才生态建设中至关重要。学校需要根据实际，合理设置老中青，教授、副教授、讲师的团队建设，以学科建设和科研团队的形式组建"名师工作室""科研中心"等形式多样的机构团体。组织义务（成长发展）重要性与履行情况差异分析见表 4.11。

表 4.11　组织义务（成长发展）重要性与履行情况差异分析

组织义务	重要性	履行情况	差距
C20 提供学习培训的机会	4.44	3.64	−0.8
C21 提供成长性的工作机会	4.47	3.54	−0.93
C22 支持教师职业生涯规划	4.44	3.54	−0.9
C23 注重人才梯队建设	4.22	3.28	−0.94
C24 为科研提供政策制度支持	4.4	3.28	−1.12
C25 建设良好的专业（教学、科研）互动平台	4.1	3.25	−0.85

（二）对个人义务的感知

个人义务的重要性是指教工认为教工自身应该执行的某项义务的重要性，履行情况是指自我感觉自己在某项责任上做得好不好。

整体样本认为个人义务比较重要的三项依次是"遵守教师职业道德，为人师表（4.56）""保质保量完成教学任务（4.53）""指导学生课外实践（4.49）"。

个人义务落实得比较不理想的三项分别是"加强学术研究能力，完善知识结构（3.96）""关心学校发展，参与学校决策（4.10）""参加学术交流活动（4.18）"。由此可见，大部分教工对集体活动的参与度有待提高，某种程度上说明教工或是忙于日常核心事务（教学、科研等），因而无暇顾及集体活动等"非核心事务"，又或者在他们心目中，"关心学校发展，参与学校决策"是属于小部分领导干部的事儿，与自己关系不大，又或许是普通教工觉得自己人微言轻，即使建言献策也未必会被采纳，也可能是他们觉得参与学校决策对"评职称"这件和自己利益最密切相关的核心事件关联不大，还有一种可能就是他们曾经也满怀热情地参与学校发展决策的座谈会，然而"意见征集"常常有，却迟迟等不来反馈与落实。久而久之，意见征集等座谈会就难免多少会"流于形式主义"。

个人义务执行得比较好的是"遵守学校规章制度（4.58）""遵守教师职业道德，为人师表（4.57）""保质保量完成教学任务（4.49）"。可见，遵纪守法、完成教学基本工作、为人师表，是大部分教工认为重要也是执行得比较好的个人义务。个人义务重要性与履行情况差异分析见表4.12。

表4.12　个人义务重要性与履行情况差异分析

个人义务	重要性	履行情况	差距
j25 保质保量完成教学任务	4.53	4.49	−0.04
j26 遵守学校规章制度	4.48	4.58	0.1
j27 遵守教师职业道德，为人师表	4.56	4.57	0.01
g29 指导学生课外实践	4.49	4.44	−0.05
g31 与学生建立、保持良好的师生关系	4.46	4.44	−0.02
k34 加强学术研究能力，完善知识结构	4.33	3.96	−0.37
k35 参加学术交流活动	4.47	4.18	−0.29
r38 关心学校发展，参与学校决策	4.32	4.10	−0.22
r39 维护和提升学校声誉	4.40	4.34	−0.06
r41 参加集体活动	4.27	4.27	0
r43 与领导、同事和睦相处	4.42	4.42	0

在个人义务的"敬业守规"的维度上，高校教工的感知如下：最看重的依次是"遵守教师职业道德，为人师表"（4.56），"保质保量完成教学

任务"（4.53），"遵守学校规章制度"（4.48）。样本认为最重要的个人义务是："敬业守规"（4.53），"关心学生"（4.48）。整体样本对个人义务重要性的感知见图4.23。

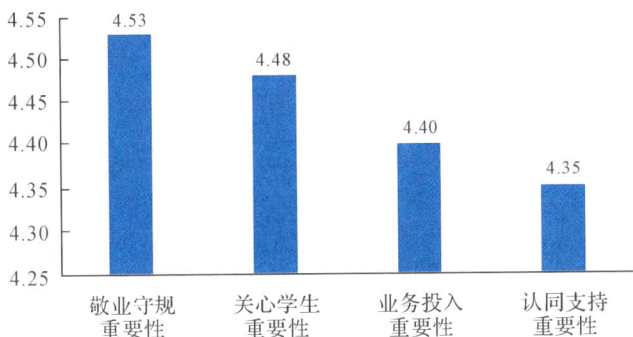

图 4.23　整体样本对个人义务重要性的感知

个人义务在"认同支持"维度上，高校教工认为最重要的依次是："与领导、同事和睦相处"（4.42），"维护和提升学校声誉"（4.40），"参加集体活动"（4.27）。这说明，教师相当重视"与领导、同事和睦相处"。也就是说教师看重领导对自己的支持，看重同事关系、工作氛围。在个人对学校的"认同支持"维度义务履行的指标中，教师认为做得比较好的是："与领导、同事和睦相处"（4.42），"维护和提升学校声誉"（4.34）。可见教师对领导同事关系相当看重，而且发自内心地维护学校声誉，这也说明教工的心理归属感强，以校为荣。与此同时，得分较低的指标是"关心学校发展，参与学校决策"（4.10），这说明教工对参与学校事务决策的意识还有待加强；又或者，从另一方面说明学校并没有给教工参与决策的机会和平台。整体样本对个人义务（认同支持）的感知见图4.24。

个人义务在"科学研究"维度上，高校教工认为："参加学术交流活动"（4.47）比"加强学术研究能力，完善知识结构"（4.33）更为重要。这说明，教师重视参与学术交流活动，赞同在交流中提升自身的专业水平。整体样本对个人义务（科研投入）重要性的感知见图4.25。

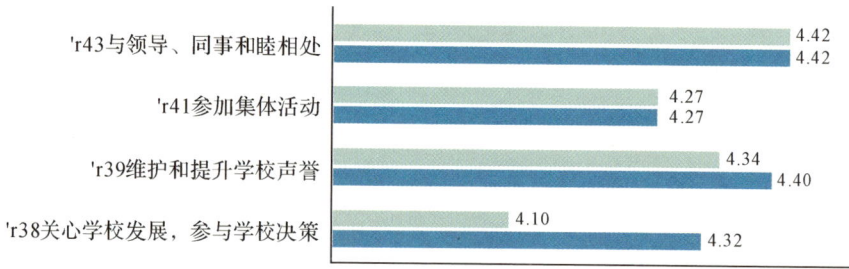

图 4.24　整体样本对个人义务（认同支持）的感知

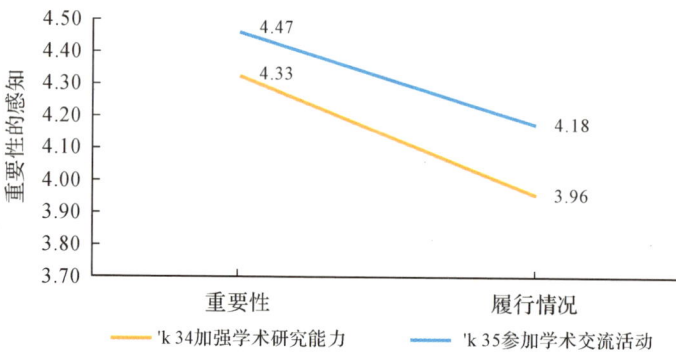

图 4.25　整体样本对个人义务（科研投入）重要性的感知

　　个人义务在"关心学生"维度上，高校教工认为："指导学生课外实践"（4.49）比"与学生建立、保持良好的师生关系"（4.46）更为重要。这说明，教师重视多形式的课外实践，赞同在实践指导中提升学生的专业水平，而不是简单的"没有冲突""良好的师生关系"。说明教工对学生实践成长相当看重。这个实践既包含了专业实践、社会实践、各类专业比赛，也包括就业实践等。说明越来越多的教师认同在课堂内外协同培养学生，在助力学生成长的过程中培养师生情谊。整体样本对个人义务（关心学生）重要性的感知见图 4.26。

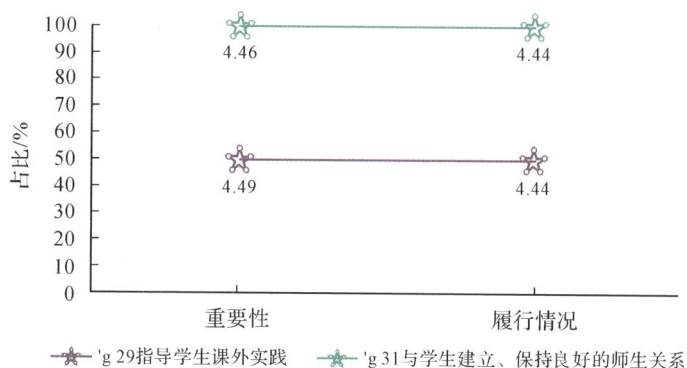

图 4.26　整体样本对个人义务（关心学生）重要性的感知

"遵守职业道德，为人师表"是教工最看重的个人义务。整体样本对个人义务（敬业守规）的感知见图 4.27。

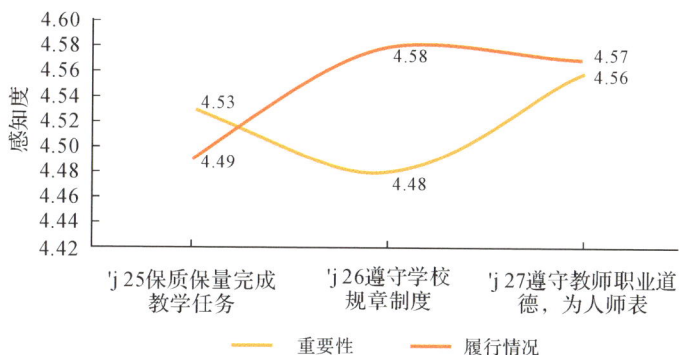

图 4.27　整体样本对个人义务（敬业守规）的感知

教工认为，"业务投入"在所有义务维度中履行得欠佳，得分为 4.07。整体样本对个人义务履行情况的感知见图 4.28。

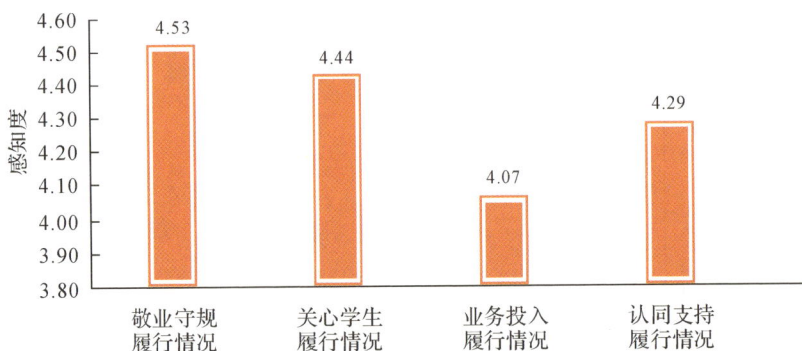

图 4.28　整体样本对个人义务履行情况的感知

综上，"假设 3. 教师职业生涯发展是内外动力交互影响的结果"成立。

七、总体样本心理契约违背应对方式

在心理契约违背应对方式上，高校教工的调研数据显示：当心理契约发生违背时，四种应对模式从高到低的得分依次是："降低自身对组织责任的期许，失望"（3.14），"提高自己对组织的责任承诺，奋发"（2.90），"主动、明确地谈判，建言"（2.87），"降低自己对组织的责任兑现，懈怠"（2.62）。心理契约违背四种应对方式均值见表 4.13。

表 4.13　心理契约违背四种应对方式均值

	内容	均值
心理契约违背应对方式	1. 主动、明确地谈判，建言	2.87
	2. 降低自己对组织的责任兑现，懈怠	2.62
	3. 提高自己对组织的责任承诺，奋发	2.90
	4. 降低自身对组织责任的期许，失望	3.14

可见，发生心理契约违背时，最容易产生的反应是"失望"，这是人之常情，心理上的"失望"，对应的组织公民行为也随之发生变化，即"降低自身对组织责任的期许"，对组织不再寄托很高的期待。

第二高得分的反应是"提高自己对组织的责任承诺"，也就是不但不失望，反而更加奋发，觉得肯定是自己做得不够好，是组织在考验自己，因此在工作中更加尽心尽力。这种情况往往出现在心理契约初次破裂时。

得分第三的情况是"主动、明确地谈判"，也就是建言，说明对组织仍然持有信任和期待，认为彼此交心的交流可以一定程度消除误会、增进了解，继而为之后的上下级关系营造更为健康良好的互相信任和坦诚的基调。这种组织公民行为的产生说明教工对组织是信任和有所期待的。

发生概率最低的情况是"懈怠"："降低自己对组织的责任兑现"，就是在工作中表现得比较懈怠，这种懈怠可能来自长久的失望与交流无果。这种懈怠一般来自两种途径：一是某个心理契约的违背使得教工产生了极其强烈的负面感受，可能是愤怒、委屈，也可能是轻视。这种负面情绪强烈到教工已经失去与组织交流以重构和谐良好的心理契约关系的动力。另一种可能是教工多次产生心理契约违背感，发生在多次更加"奋发"，多次"主动建言"仍未果的情况下。可以说，这种懈怠是一种无奈，是一种无言的反抗，是情绪上的"混日子"和行动上的"做一天和尚撞一天钟"，可想而知，这种心理下的教工，"积怨成恨"，工作积极性与工作绩效何其低下，也不排除其在一定条件下做出有损组织利益的行为的可能。

八、总体样本组织承诺分析

高校教工在职业发展的"情感承诺"维度下，比较赞同的指标依次是："我认为我应该为自己的职业做出相应的贡献"（4.06），"干一行就得该爱一行"（4.00），说明大部分教工对学校抱有热爱和责任感。整体样本情感承诺情况分析见图4.29。

高校教工在职业发展的"组织承诺"的理想承诺维度下，比较赞同的指标依次是："现职业提供了机会让我做自己感兴趣的工作"（3.63）；"目前的工作能使我的能力得到较大提高"（3.58）；"学校给我提供了发展的空间，能更好地实现自我价值"（3.53）。说明大部分教工在工作中找到了兴趣。从职业发展的理论讲，职业需要平衡兴趣、技能与社会需求。没有兴趣的工作无法持久，没有技能无法胜任，不被社会需要就没有价值。整体样本理想承诺情况分析见图4.30。

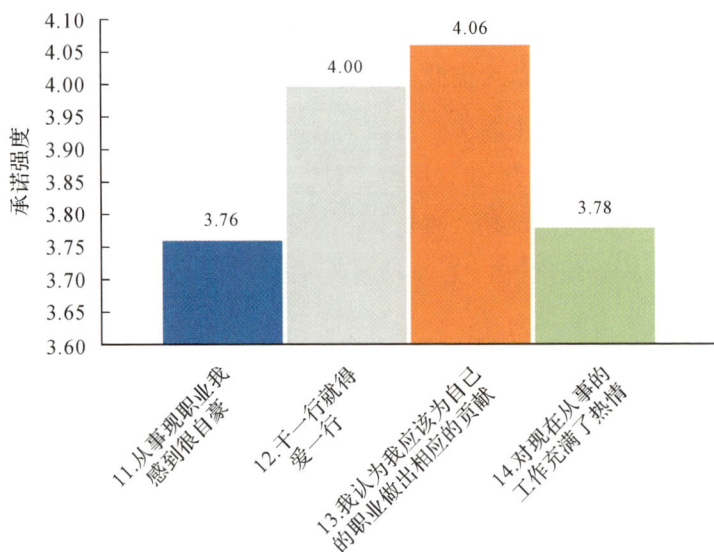

图 4.29　整体样本情感承诺情况分析

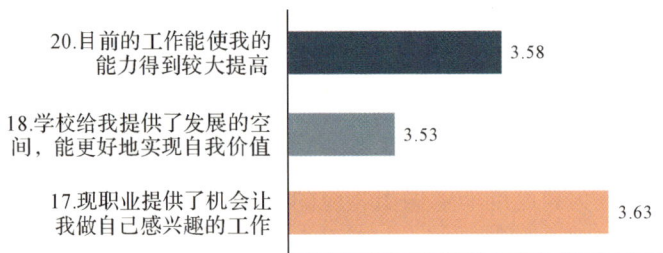

图 4.30　整体样本理想承诺情况分析

高校教工在职业发展的"规范承诺"维度下，最赞同的指标是："我觉得有责任继续从事现职业"（3.89），说明大部分教工在工作中找到了责任感。也许教师的待遇与付出的时间精力不一定成正比，但是因为教育是讲责任和奉献的事业，所以即使待遇或是工作强度有时不尽如人意，大部分教工还是抱着奉献的初心坚持着。

高校教工在职业发展的"组织承诺"的机会承诺维度下，比较赞同的指标依次是："受所学专业限制，难以找到更好的职业"（3.02）；"我一旦离开现职业，估计很难找到别的工作"（2.69）。说明大部分教工在职业选择中也有几分无奈。很多教师有博士学位，但是不是所有单位都需要具有博士学位的员工，所以很多博士生无形中把当高校教师当成了自己博士毕业的就业首选。整体样本规范承诺与机会承诺情况分析见图4.31。

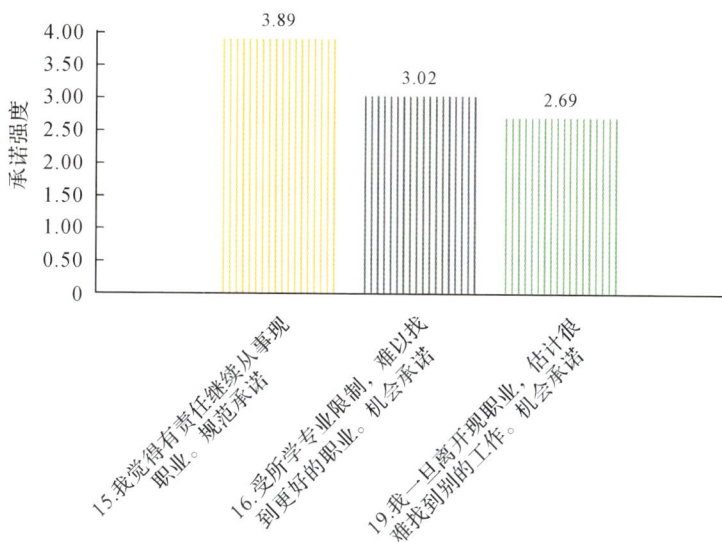

图4.31　整体样本规范承诺与机会承诺情况分析

情感承诺得分最高，说明教工普遍对学校有较好的情感归属感。整体样本组织承诺情况分析见图4.32。

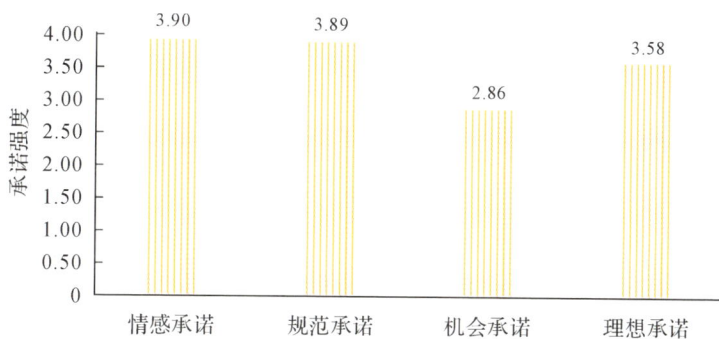

图4.32　整体样本组织承诺情况分析

九、总体样本组织公民行为分析

高校教工在职业发展的"职业观念"维度下，比较赞同的指标依次是："工作使我的价值得到发挥"（3.83）；"教工是否努力，取决于学校如何对待教工的愿望和想法"（3.80）；"我觉得教工对学校的任何努力都应该得到应有的回报"（3.71）。说明大部分教工还是比较赞同自己的价值在工作中得到了体现。整体样本职业承诺均值见表4.14。

表 4.14　整体样本职业承诺均值

维度	指标	得分
职业承诺（观念）	1. 教工是否努力，取决于学校如何对待教工的愿望和想法	3.80
	2. 我觉得教工对学校的任何努力都应该得到应有的回报	3.71
	3. 工作使我的价值得到发挥	3.83

与此同时，教工在心里都有一杆秤，即社会交换理论对其心理契约的影响，也就是"我的付出要有回报""你对待我的方式，决定了我的努力程度"。因此，雇佣双方通畅的信息交换和表达就显得格外重要。假如教工在工作中的某一方面非常努力，但是这个努力在组织看来对工作影响不大，对教工的晋升无足轻重，那么教工就会减少或停止在这方面的努力。另外，访谈中，有被采访者认为国外的职员制引入国内高校的利弊还值得商榷，或者说职员制改良后再本土化应用是不是更符合中国国情，更接地气。他提到最不公平的一条是：为什么中层领导中的管理岗可以评职称，处级以下的管理岗的教工就不能评？

高校教工在职业发展的"职业态度"维度下，比较赞同的指标依次是："我很关心学校的发展（组织承诺—情感依附）"（3.99）；"我信任我的学校（信任）"（3.76）；"我会在朋友面前称赞我的学校是个好单位（组织承诺—组织认同）"（3.57）。整体样本职业态度均值见表4.15。

表 4.15 整体样本职业态度均值

维度	指标	得分
职业态度	4. 我信任我的学校	3.76
	5. 我对自己的职业发展很满意	3.53
	6. 我对我的工资待遇满意	3.08
	7. 我对学校给我的整体待遇满意	3.24
职业态度	8. 我会在朋友面前称赞我的学校是个好单位	3.57
	9. 我很关心学校的发展	3.99

职业态度得分最高的是组织承诺中的情感依附，其次是信任和组织认同。说明大部分的教工还是比较关心学校、热爱学校、信任学校的。

与此同时，教工对收入待遇整体不太满意。得分最低的三项依次是："我对我的工资待遇满意"（3.08）；"我对学校给我的整体待遇满意"（3.24）；"我对自己的职业发展很满意"（3.53）。从数据可知，教工的不满意主要来自两点：一是收入待遇；二是职业发展。

离职态度指标都低于 3 分。说明总体而言，教工的离职意向不强烈。整体样本离职倾向均值见表 4.16。

表 4.16 整体样本离职倾向均值

维度	指标	得分
离职倾向	10. 我想调离现在的学校，去别的单位工作	2.59
	27 我在积极寻求新的工作机会	2.72
	28 我感觉可能会离开现在的工作岗位	2.69
	29 如果可以自由选择的话，我会离开现在的岗位	2.79

"我想调离现在的学校，去别的单位工作"这一指标下，4.2% 的教工有强烈的离职倾向，16.2% 的教工有比较强烈的离职倾向。这两种情况的员工累计占总体的两成左右，这个比例也值得人事管理者深思。

"我在积极寻求新的工作机会"这一指标下，7.9% 的教工选择了完全符合。那么到底是哪些教工具有强烈的离职倾向？拔尖人才？学科带头人？到底是学校的待遇不留人，还是晋升机制不留人？流失的是"真人才"还是"庸才"，值得深思。假如是劣币驱除良币，则需要管理者审视与深思。

"我在积极寻求新的工作机会"，超过四成的样本表示"完全符合"或"比较符合"，这个值得高校人事管理者深思。哪些人是离职倾向的重点人群？是刚入职尚未适应新环境的人群还是职场失意的人群？是薪酬待遇满足不了青年教工养家糊口的支出，还是心理契约违背的关键事件没有得到妥善处理？

"我感觉可能会离开现在的工作岗位"，累计44.1%的人表示"完全符合"或"比较符合"。这里岗位可以有两种理解：一是校内岗位流动；另一种是组织外的流动，即离开本单位，去外单位就职。这类一般集中在年轻教工在高校事业单位从事行政还是去考取公务员之间的权衡，或是在经济比较发达的地区向老家的回迁。这类"回迁"主要是基于家庭照顾的需求或是夫妻两地分居中某一方的妥协谦让。

表4.17　"先就业、后择业"择业观、离职次数、离职倾向相关关系表

		B 离职倾向	离职次数	择业价值观	C 离职成本
B 离职倾向	Pearson Correlation	1	0.271^{**}	0.682^{**}	0.159
	Sig. (2–tailed)	–	0.007	0.000	0.119
	N	98	97	98	98
离职次数	Pearson Correlation	0.271^{**}	1	0.276^{**}	0.010
	Sig. (2–tailed)	0.007	–	0.006	0.924
	N	97	97	97	97
择业价值观	Pearson Correlation	0.682^{**}	0.276^{**}	1	–.033
	Sig. (2–tailed)	0.000	0.006	–	0.747
	N	98	97	98	98
C 离职成本	Pearson Correlation	0.159	0.010	–.033	1
	Sig. (2–tailed)	0.119	0.924	0.747	–
	N	98	97	98	98

**. Correlation is significant at the 0.01 level (2–tailed).

十、心理契约违背应对方式研究

高校教工心理契约违背应对模式主要分为两类：积极的"建言"或"奋发"，消极的如"懈怠"或"失望"。

积极模式中的两种状态"建言"或"奋发"是"提高自己对组织的责任承诺",也就是不但不失望,反而更加奋发,觉得肯定是自己做得不够好,是组织在考验自己,因此在工作中更加尽心尽力。这种情况往往出现在心理契约初次破裂时。

消极模式中的两种状态是"懈怠""失望",降低自己对组织的责任兑现。这种懈怠可能来自长久的失望与交流无果。相关性研究显示,"懈怠""失望"显著正相关($r=0.514$, $p<0.001$)。消极模式的产生与个人责任的履行指标"认同支持"显著负相关。缺乏认同支持是产生懈怠的主要原因,懈怠的状态若没有得到合理改善,往往导致员工对组织的失望。这说明认同支持在员工管理中的重要性。认同支持其实可以从两方面来看待,一是物质上的激励,另一种是精神上的鼓励与沟通。很多时候,心理契约就是一种感觉,一种情感。"让员工感受到被支持被理解"甚至比"实际支持他"更让他感动。这在启示人事管理者在员工管理的过程中应该积极反馈组织在为教工争取福利与帮助其职业发展的具体事件上做了哪些努力。

消极的心理契约违背应对方式自然带来了业务投入的降低。数据显示,"懈怠"与"业务投入"履行呈显著负相关, $r=-0.165$;"失望"与"业务投入"履行呈显著负相关, $r=-0.153$;说明心理契约违背产生时,教工往往只会在业务投入上减少投入,而在"敬业守规"和"关心学生"方面并不会产生很大影响。说明心理契约违背的负面情绪主要集中在对组织的失望和不再抱有期待,继而降低业务努力的程度。但是对学生的关心和基本遵纪守法仍是其职业情感底线和职业行为底线。

此外,消极行为与组织义务的"生存保障履行""制度支持履行""资源支持履行""沟通参与履行""成长发展履行"都呈显著负相关。

建言行为与"生存保障履行"呈显著负相关,说明心理契约违背感产生后主动找组织沟通者主要是对组织义务的"生存保障"履行不满意,比如工资待遇、分房福利等看得见、摸得着的货币类福利问题。

懈怠、失望则与组织义务行动各方面均有显著相关性,也就是说,组织各方面义务履行不佳均会导致员工的失望与懈怠。

奋发的行为与"组织的制度支持"显著正相关,也就是说,组织的制度设计得越完善，越能激励人，当员工发生心理契约违背感时往往愿意从自身找原因，基于对制度的信任，员工对组织持久地抱有期待。"制度就是游戏规则，透明，公正，大家都可以从中得到安全感，知道如何在职业中努力。"可见，制度设计对于组织和员工均具有极重要的意义。它让组织更富有凝聚力，即使员工有心理违背感，仍然能让员工奋发努力。

心理违背应对行为与工作满意度相关关系分析显示："工作表现出色时所获得的奖励感"常常令员工倾向于积极建言。上司工作能力强，员工在岗位上能充分发挥才能，对组织执行政策较满意，对工资较满意者在产生心理契约违背感时，往往不容易发生"懈怠"。在产生心理契约违背感时，倾向于"更加奋发有为"者，往往与以下情况有关："对上司做决策的能力较满意""具有充分发挥自己才能的机会""具有自己能做判断的机会"。导致"失望"的结果与以下情况呈显著负相关："保持忙碌""团队中的重要角色""对上司满意""对单位执行政策的方式较满意""能发挥才能""对收入满意""对晋升机会满意""工作具有自主性""对薪酬满意""与同事关系融洽"。也就是说工作中缺乏自主性，对上司能力不满意，对薪酬不满意，对晋升机会不满意，同事关系不融洽、缺乏激励机制、工作中缺乏成就感都会导致心理契约违背感的产生，继而引发"失望"这个结果。心理契约违背应对方式的影响因素分析见表4.18、心理契约违背应对方式的影响因素分析见表4.19。

表4.18 心理契约违背应对方式的影响因素分析

	建言	懈怠	奋发	失望
1. 一直保持忙碌的状态	–	-0.289^{**}	-0.082^{**}	-0.357^{**}
2. 独立工作的机会	–	-0.155^{**}	-0.052^{**}	-0.210^{**}
3. 时不时地能有做一些不同事情的机会	–	-0.080^{**}	0.086^{**}	-0.134^{**}
4. 在团体中成为重要角色的机会		-0.143^{**}	-0.066^{**}	-0.214^{**}
5. 我的上司对待下属的方式	0.087^{*}	-0.236^{**}	-0.100^{**}	-0.281^{**}
6. 我的上司做决策的能力	0.089^{*}	-0.222^{**}	0.129^{**}	-0.263^{**}
7. 能够做一些不违背良心的事情	-0.008^{**}	-0.166^{**}	–	-0.158^{**}
8. 我的工作的稳定性	–	-0.124^{**}	–	–

续表

	建言	懈怠	奋发	失望
9. 能够为其他人做些事情的机会	0.075*	−0.206**	−	−0.079**
10. 告诉他人该做些什么的机会	−	−0.024**	−	−0.126**
11. 能够充分发挥我的能力的机会	0.074**	−0.296**	0.103**	−0.264**
12. 对单位执行政策的方式	−	−0.377**	0.077**	−0.433**
13. 我的收入与我的工作量	−	−0.208**	−	−0.347**
14. 职位晋升的机会	−	−0.172**	−	−0.279**
15. 能自己做出判断的机会	0.008**	−0.188**	0.127**	−0.311**
16. 自主决定如何完成工作的机会	−	−0.293**	−	−0.316**
17. 对工作条件	−	−0.242**	−	−0.301**
18. 同事之间相处的方式	−	−0.172**	0.102**	−0.214**
19. 工作表现出色时，所获得的奖励感	0.108**	−0.133**	−	−0.226**
20. 我能够从工作中获得某种成就感	0.086*	−0.275**	−	−0.293**

表 4.19　心理契约违背应对方式的影响因素分析

组织义务的履行情况	建言	懈怠	奋发	失望
生存保障	−0.111**	−0.330**	−	−0.476**
制度支持	−	−0.322**	0.079**	−0.444**
资源支持	−	−0.304**	−	−0.370**
沟通参与	−	−0.351**	−	−0.431**
成长发展	−	−0.289**	−	−0.364**

　　数据显示，建言的内容往往是关于"生存保障"的薪酬设计或是福利分配等物化的内容。"制度支持"较好的组织，其员工往往对组织抱有持久的期待，继而愿意付出更多能力以获得领导的认可，期待有晋升的机会，故在发生心理契约违背感时，他们倾向于奋发。沟通不畅往往导致"懈怠"。失望的原因常常是：生存保障或制度支持不力。

　　综上，"假设 4. 不同类型教师心理契约违背感的重点维度不同"成立。

第二节　不同性别样本分析

一、职称上的差异

在职称上，初级、中级、副高段男女性别无显著差异。在正高职称上，有显著性别差异，男性高于女性。男女收入数据显示，总体上男性收入高于女性。特别是在低收入段（小于等于 10 万元），女性占 39.3%，男性仅占 20.4%。在高收入段（20 万元以上），男性占 21.00%，女性仅占 3.7%。男性中层干部及以上占 36.4%，女性仅占 12.3%。也就是说，在领导干部的岗位上，男性约是女性的三倍。在心理契约违背发生时，女性应对策略更为积极。在正高职称上，男女比例悬殊。男女在职称、岗位、职位上均有显著差异（$p<0.001$）。

数据显示，初级（男性 =6.5%，女性 =15.8%）、中级（男性 =50.00%，女性 =50.00%）、副高（男性 =20.1%，女性 =17.1%）、正高（男性 =17.2%，女性 =1.6%）、未定级（男性 =15.5%，女性 =6.2%）。其中未定级主要是指在职员制职级晋升体系下，非领导职务的行政管理人员不参与职称评定，就是行政管理人员中的"兵"（行政管理中层以下的员工，含科级干部、主管及以下）。这些人假如不能竞聘进入中层，那么他们在职称评定上没有"参赛权"，在职务晋升上也几乎"触顶"。竞聘进入"中层"几乎是他们唯一的出路，否则只能被动等年限，退休前用"工龄"去换取六级或五级的岗级。

二、心理契约违背的应对方式差异

单因素方差分析 ANOVA 显示，不同性别的人，心理契约违背的应对措施有显著差异，见图4.33。调节方式 1：主动、明确地谈判（主动与直接领导面谈，直陈自己的感受，暗示或明示自己的需求，主动争取"员工—组织"双方面心理契约的新平衡）。此项男女有显著差异（$p<0.001$）。

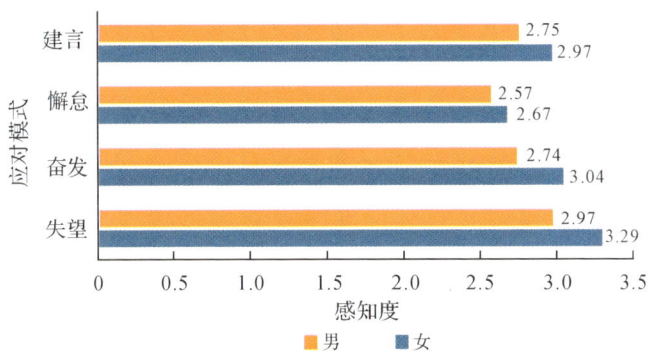

图 4.33　不同性别样本心理契约违背应对模式差异分析

　　心理契约违背感产生时，不论男女，最倾向于采取的应对是失望，其次是奋发。就是第一反应是失望，继而抱着"你觉得我不够好，那我做得会更好"的心态，不断努力，以期在职场上证明自己。整体而言，女性比男性更倾向于"建言、奋发"，也更容易"失望"。在"建言、奋发、失望"指标上，男女有显著差异。

　　奋发是指自我反思，寻找自身不足，希望以更努力奋发的姿态赢取组织的信赖和欣赏。这里的组织常常是直接领导或有决定权的上级。在组织与个人的心理契约中，组织的意志常常体现为领导的意志。"奋发"这种应对措施常见于初次发生心理契约违背时。个人与组织的权利义务失衡初期，教工倾向于自我反思，寻找自身不足，吸取经验，以求更好表现，以换得组织的欣赏。

　　与此同时，一部分屡战屡败的教工，在职业发展中屡屡受挫，最终失去奋斗的决心，即在心理契约违背之后表现为"失望"。这种失望无奈也许来自自我懈怠，也许来自对组织的无奈，或是组织的考核晋升模式不科学不合理，或是个人在职业发展中遇到"人为阻碍"。这种失望并不一定单纯意味着教工的"偷懒"或"不上进"。对此类教工的案例分析或与之倾心交谈往往可以深度剖析组织在人事管理上隐匿的不足与缺陷，值得高校人事管理者给予重视。

　　总体而言，奋发常见于初次发生心理契约违背时，教工倾向于自我反思，找自身不足，吸取经验，以求更好表现，以换得组织的欣赏。也有些屡战屡败的教工，在职业发展中屡屡受挫，最终失去奋斗的决心。

调研数据显示，在心理契约违背发生时，女性应对策略更为积极一些。女性比男性更倾向于对策 1，就是主动、明确地谈判（主动与直接领导面谈，直陈自己的感受，暗示或明示自己的需求，主动争取"员工—组织"双方面心理契约的新平衡）。28.9% 的女性选择了"比较有可能"或"很有可能"采取此对策。而男性累计只有 17.8% 的人倾向于采取此对策。男性比女性更倾向于对策 4，即是通过降低自身对组织责任的期许来调和冲突。见表 4.20、表 4.21、表 4.22、表 4.23。

表 4.20　不同性别样本心理契约违背应对方式分析（建言）

性别 * 建言 Crosstabulation

			建言					Total
			完全不可能	不太可能	不确定	比较有可能	很有可能	
性别	女	Count	18	86	162	104	4	374
		% withii 性别	4.8%	23.0%	43.3%	27.8%	1.1%	100.0%
		% withii 建言	27.7%	58.1%	48.9%	68.4%	25.0%	52.5%
		% of Total	2.5%	12.1%	22.8%	14.6%	0.6%	52.5%
	男	Count	47	62	169	48	12	338
		% withii 性别	13.9%	18.3%	50.0%	14.2%	3.6%	100.0%
		% withii 建言	72.3%	41.9%	51.1%	31.6%	75.0%	47.5%
		% of Total	6.6%	8.7%	23.7%	6.7%	1.7%	47.5%
Total		Count	65	148	331	152	16	712
		% withii 性别	9.1%	20.8%	46.5%	21.3%	2.2%	100.0%
		% withii 建言	100.0%	100.0%	100.0%	100.0%	100.0%	100.0%
		% of Total	9.1%	20.8%	46.5%	21.3%	2.2%	100.0%

当遇到心理契约违背时，采取"降低自己对组织的责任兑现"这个应对措施上，男女没有显著差异。约四成的人表示"不太可能"或"不可能"。约两成的人表示"可能"或"很可能"。三成左右的人不置可否。

表 4.21 不同性别样本心理契约违背应对方式分析（懈怠）

性别 * 懈怠 Crosstabulation

			懈怠					Total
			完全不可能	不太可能	不确定	比较有可能	很有可能	
性别	女	Count	44	120	134	68	8	374
		% withii 性别	11.8%	32.1%	35.8%	18.2%	2.1%	100.0%
		% withii 懈怠	51.8%	51.3%	50.2%	58.6%	80.0%	52.5%
		% of Total	6.2%	16.9%	18.8%	9.6%	1.1%	52.5%
	男	Count	41	114	133	48	2	338
		% withii 性别	12.1%	33.7%	39.3%	14.2%	0.6%	100.0%
		% withii 懈怠	48.2%	48.7%	49.8%	41.4%	20.0%	47.5%
		% of Total	5.8%	16.0%	18.7	6.7%	0.3%	47.5%
Total		Count	85	234	267	116	10	712
		% withii 性别	11.9%	32.9%	37.5%	16.3%	1.4%	100.0%
		% withii 懈怠	100.0%	100.0%	100.0%	100.0%	100.0%	100.0%
		% of Total	11.9%	32.9%	37.5%	16.3%	1.4%	100.0%

女性比男性更倾向于对策 3，就是"当感知到心理契约的违背时，不抱怨组织，而是理解为员工自身在对组织的责任履行上存在不足，自我反省。" 31.8% 的女性选择了"比较有可能"或"很有可能"采取此对策。而男性累计只有 23.3% 的人倾向于采取此对策。

表 4.22 不同性别样本心理契约违背应对方式分析（奋发）

性别 * 奋发 Crosstabulation

			奋发					Total
			完全不可能	不太可能	不确定	比较有可能	很有可能	
性别	女	Count	30	72	153	92	27	374
		% withii 性别	8.0%	19.3%	40.9%	24.6%	7.2%	100.0%
		% withii 奋发	50.8%	36.9%	58.8%	59.0%	64.3%	52.5%
		% of Total	4.2%	10.1%	21.5%	12.9%	3.8%	52.5%
	男	Count	29	123	107	64	15	338
		% withii 性别	8.6%	36.4%	31.7%	18.9%	4.4%	100.0%
		% withii 奋发	49.2%	63.1%	41.2%	41.0%	35.7%	47.5%
		% of Total	4.1%	17.3%	15.0%	9.0%	2.1%	47.5%

续表

			奋发				Total
		完全不可能	不太可能	不确定	比较有可能	很有可能	
Total	Count	59	195	260	156	42	712
	% withii 性别	8.3%	27.4%	36.5%	21.9%	5.9%	100.0%
	% withii 奋发	100.0%	100.0%	100.0%	100.0%	100.0%	100.0%
	% of Total	8.3%	27.4%	36.5%	21.9%	5.9%	100.0%

表4.23 不同性别样本心理契约违背应对方式分析（失望）

性别 * 失望 Crosstabulation

			失望					Total
			完全不可能	不太可能	不确定	比较有可能	很有可能	
性别	女	Count	24	44	160	93	53	374
		% withii 性别	6.4%	11.8%	42.8%	24.9%	14.2%	100.0%
		% withii 失望	50.0%	31.9%	60.4%	48.7%	75.7%	52.5%
		% of Total	3.4%	6.2%	22.5%	13.1%	7.4%	52.5%
	男	Count	24	94	105	98	17	338
		% withii 性别	7.1%	27.8%	31.1%	29.0%	5.0%	100.0%
		% withii 失望	50.0%	68.1%	39.6%	51.3%	24.3%	47.5%
		% of Total	3.4%	13.2%	14.7%	13.8%	2.4%	47.5%
Total		Count	48	138	265	191	70	712
		% withii 性别	6.7%	19.4%	37.2%	26.8%	9.8%	100.0%
		% withii 失望	100.0%	100.0%	100.0%	100.0%	100.0%	100.0%
		% of Total	6.7%	19.4%	37.2%	26.8%	9.8%	100.0%

男性比女性更倾向于对策4，就是通过降低自身对组织责任的期许来调和冲突。仅有18.2%的女性选择了"比较有可能"或"很有可能"采取此对策。而男性累计只有34.9%的人倾向于采取此对策。

三、职业发展

男性在职业发展和满意度上均高于女性。不同性别的群体，在职业发展和职业满意度上也有显著差异（$p<0.001$）。男性数据见表4.24。

男性在职业发展和满意度上均高于女性，具有显著性差异（$p<0.001$）。男性职业发展均值为3.05，女性为2.92；男性职业满意度为3.73，女性为3.53。

可见，男性对职业的自我感受优于女性，觉得自己发展得更好，也更满意自己的职业现状。不同性别样本职业现状分析见图 4.34。

表 4.24　不同性别样本职业发展和职业满意度比较分析

ANOVA

		Sum of Squares	df	Mean Square	F	Sig.
建言	Between Groups Within Groups Total	8.733 602.857 611.590	1 710 711	8.733 0.849	10.285	0.001
懈怠	Between Groups Within Groups Total	1.585 627.539 629.124	1 710 711	1.585 0.884	1.793	0.181
奋发	Between Groups Within Groups Total	15.433 732.082 747.515	1 710 711	15.433 1.031	14.967	0.000
失望	Between Groups Within Groups Total	17.693 770.092 787.785	1 710 711	17.693 1.085	16.313	0.000
职业发展 （均值）	Between Groups Within Groups Total	3.020 191.393 194.414	1 708 709	3.020 0.270	11.172	0.001
职业满意度 （均值）	Between Groups Within Groups Total	6.697 218.353 225.049	1 708 709	6.697 0.308	21.715	0.000

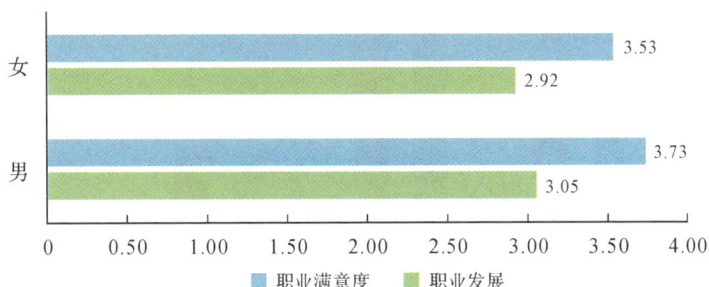

图 4.34　不同性别样本职业现状分析

总体而言，男性的职业发展自我评价和职业满意度也均略高于女性。

男性在职业发展和满意度上均高于女性，具有显著性差异（$p<0.001$）。男性职业发展均值为 3.05，女性为 2.92；男性职业满意度为 3.73，女性为 3.53。可见，男性对职业的自我感受优于女性，觉得自己发展得更好，也更满意自己的职业现状。

女性的收入满意度均值为 1.82，比男性的 2.54 分低 0.72 分，满意度有显著差异（$p<0.05$）。整体而言，教工对收入都不太满意（5 分表示非常满意，4 分表示比较满意，3 分表示一般，2 分表示比较不满意，1 分表示很不满意）。在职业发展水平上，女性发展均值为 2.91，男性为 3.05。女性对职业发展的自我评价整体上低于男性。

四、对组织义务和个人义务的感知

男女在个人义务的重要性评价上，在"敬业守规"（男性 =4.46，女性 =4.57），"关心学生"（男性 =4.46，女性 =4.43），"业务投入"（男性 =4.07，女性 =4.08）等三项内容的重要性认同上，有显著差异（$p<0.001$）。

男女在个人义务的履行感知上，在"认同支持"（男 =4.34，女 =4.24）这项上有显著差异（$p<0.001$），男女在组织义务的重要性评价"生存保障""制度支持""资源支持""沟通参与""成长发展"上有显著差异（$p<0.001$）。不同性别样本对个人义务履行情况的感知差异见图 4.35。不同性别样本对组织义务重要性的感知差异见图 4.36。

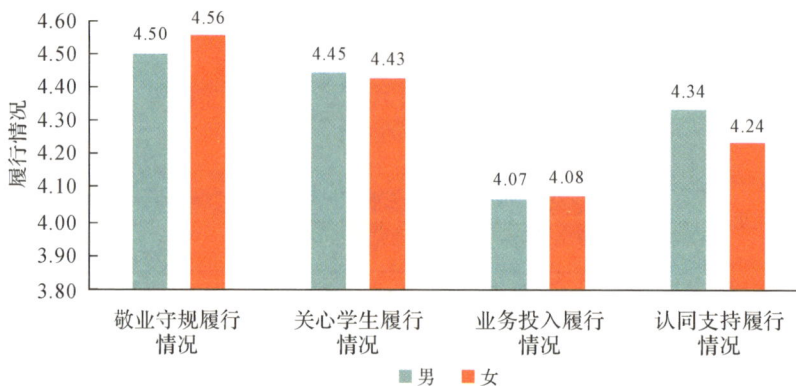

图 4.35　不同性别样本对个人义务履行情况的感知差异

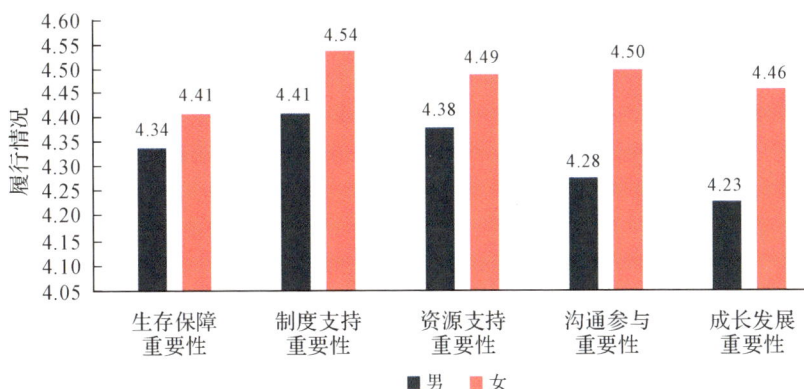

图 4.36 不同性别样本对组织义务重要性的感知差异

在组织义务的履行感知上，男女性别在"生存保障""制度支持""沟通参与"上有显著差异（$p<0.001$）。在"生存保障"（男 =3.37，女 =3.23），"制度支持"（男 =3.56，女 =3.42），"资源支持"（男 =3.61，女 =3.54），"沟通参与"（男 =3.57，女 =3.45），"成长发展"（男 =2.91，女 =2.88）5 项组织义务履行感知上，男性的评价均高于女性，也就是说男性更为满意。

男性对组织义务的重要性的感知。男性认为较为重要的几项组织义务：制度支持（4.41）、资源支持（4.38）、生存保障（4.34）。女性认为较为重要的几项组织义务：制度支持（4.54）、资源支持（4.49）、成长发展（4.46）。数据显示，女性对成长发展的重视程度高于男性，见图 4.36。

不同性别样本对组织义务履行的感知数据显示，男女样本都认为高校履行较好的义务是"资源支持"（3.61、3.54），履行最差的义务是"成长发展"。可见，整体样本对"成长发展"的组织义务都表示不太满意，见图 4.37。

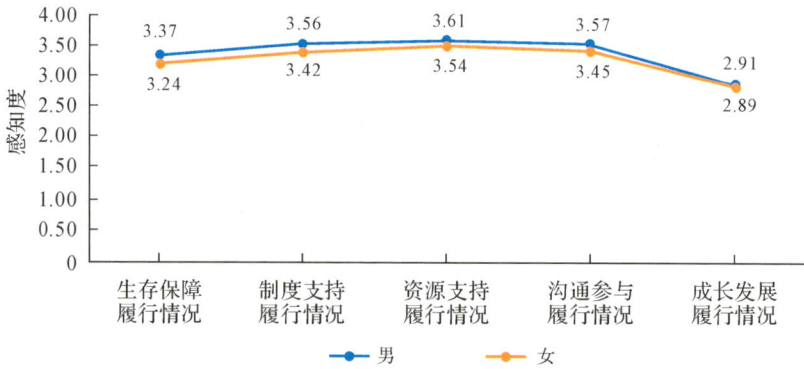

图 4.37 不同性别样本对组织义务履行情况的感知差异

五、性别与职业观念、态度、行为分析

男性样本的"积极观念""积极态度""积极行为"都略优于女性，见图 4.38。

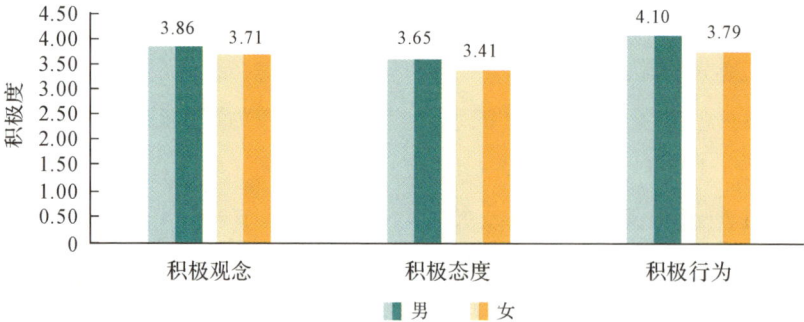

图 4.38 不同性别样本职业观念、态度、行为分析

男性的离职倾向略高于女性，见图 4.39。

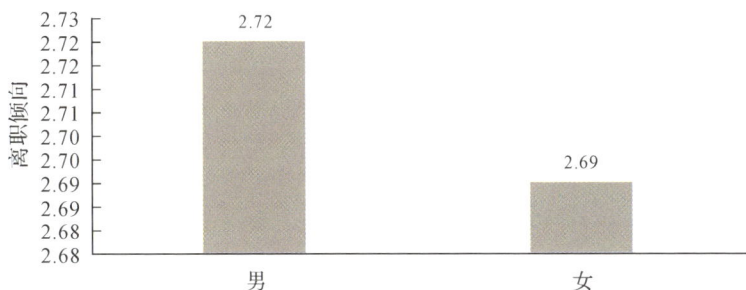

图 4.39 不同性别样本离职情况分析

男性在组织承诺的四个维度上的得分均略高于女性，说明整体上男性样本的组织承诺优于女性样本，见图 4.40。

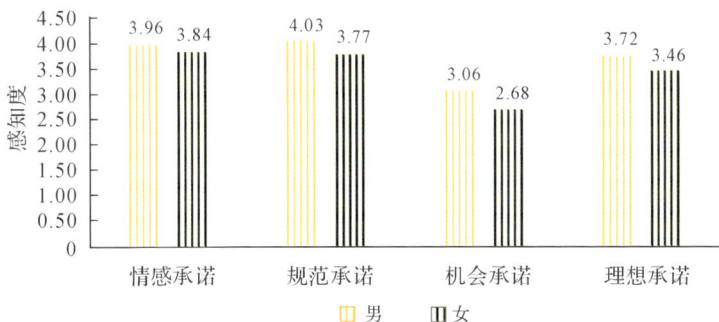

图 4.40 不同性别样本组织承诺分析

六、性别与职业发展阶段特征

职业阶段 3：我希望在目前的工作领域取得更快的发展和进步。女性得分 4.07，高于男性得分 3.87，说明女性自我评价上认为自己"更希望在工作上取得更快的发展和进步"。

职业阶段 6：找到值得我去努力解决的新问题。这方面，男性得分更高，为 4.15，说明男性对新问题的探究更有积极性。

职业阶段 8：我想开发出可以优化和简化我工作的新方法。女性得分高于男性，为 4.11，说明女性更倾向于设计简化和优化的方法。

整体而言，女性比较专注于目前的工作，并希望优化工作。男性更倾向于发现新的问题并去解决这些新问题。

不同性别样本的职业成长差异见图4.41。其中1、2、3、6、7指标上有显著差异（p<0.05）。整体而言，每一个指标上，男性得分都高于女性，说明男性样本的职业成长是优于女性的(5分表示完全符合，4分表示比较符合，3分表示一般，2分表示不太符合，1分表示不符合）。

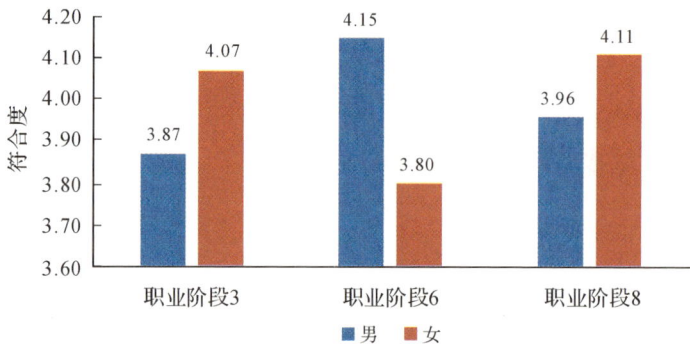

图4.41　不同性别样本职业发展阶段特征分析

职业成长1：目前的工作与我的职业理想有关，此指标反映职业价值观。比起女性，男性样本更认可"自己目前的工作与职业理想有关"。男、女得分分别为3.90、3.66，平均得分3.77。说明男性的工作与职业更符合自己的职业理想。一方面，高校中不少教授、引进人才遵照自己的职业理想选择工作，其配偶也常常随之去新单位就业。另一方面，女性选择高校工作，也许是为了更好地照顾家庭，毕竟高校的工作时间和工作强度较之其他行业更为自由和富有弹性。

职业成长2：我感觉自己的职业能力得到了不断的锻炼与提升。此指标反映职业技能。男、女得分分别为3.83、3.75，平均得分3.79。

职业成长3：我对目前的工作感兴趣，男、女职业兴趣得分分别为3.88、3.68，平均得分3.77。

职业成长4：与同事相比，我的职称或职务提升速度比较快。男、女得分分别为3.26、2.82，平均得分3.03。女性得分低于3分，表明觉得自己"与同事相比，我的职称或职务提升速度比较慢"。某种程度上表明，女性样本对职称、职务发展的不满。

职业成长 5：与同事相比，我的薪资增长速度比较快。此指标研究样本对薪酬待遇的自我评价。男、女得分分别为 2.96、2.54，平均得分 2.74（3 分表示一般，2 分表示不太符合，1 分表示不符合）。

职业成长 6：我很难调和工作—家庭冲突，时间和精力不够。此指标研究"工作—家庭"冲突对职业的影响。男、女得分分别为 2.85、2.80，平均得分 2.82。不论男女，此指标均在 3 分左右，说明男性、女性均在一定程度上感知到"工作—家庭冲突，时间和精力不够"的状况是存在的。

职业成长 7：我常常感到疲倦，对工作没有什么热情。此指标研究职业倦怠。男、女得分分别为 2.70、2.67，平均得分 2.68。3 分表示一般，2 分表示不太符合，1 分表示不符合。不同性别样本职业成长差异分析见图 4.42。

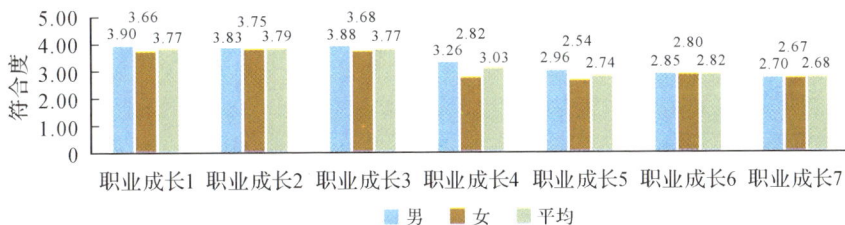

图 4.42 不同性别样本职业成长差异分析

当问到"目前的工作是否与你的职业理想有关"，大部分人认为是"一般"或"小部分相关"。女性倾向于认为目前的工作与自己的职业理想比较相关，而男性对此的评价低于女性，也就是说，男性只有不到一成的人认为目前的职业与自己的理想比较相关，20.4% 的男性认为一般，46.2% 的男性认为目前的工作与自己的职业理想不太相关，26.3% 的男性甚至认为是"根本不符合"。这或许也在一定程度上印证了为什么男性样本的离职率要高于女性样本。不同性别样本职业理想差异分析见图 4.43。

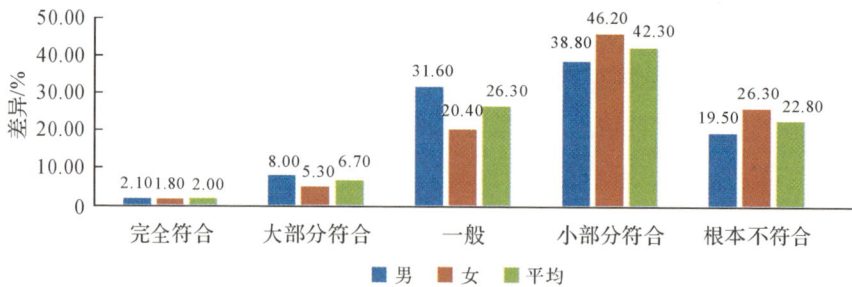

图 4.43　不同性别样本职业理想差异分析

当问到"您是否感觉自己的职业能力得到了不断的锻炼与提升",大部分人认为是"一般"或"小部分符合"。4.40% 的男性认为"完全符合",女性仅为 1.60%。5.90% 的男性认为"大部分符合",女性仅为 3.70%。24.6% 的男性认为工作技能完全没有得到提高和锻炼;16.00% 的女性也认为没有得到提升。不同性别样本职业技能差异分析见图 4.44。

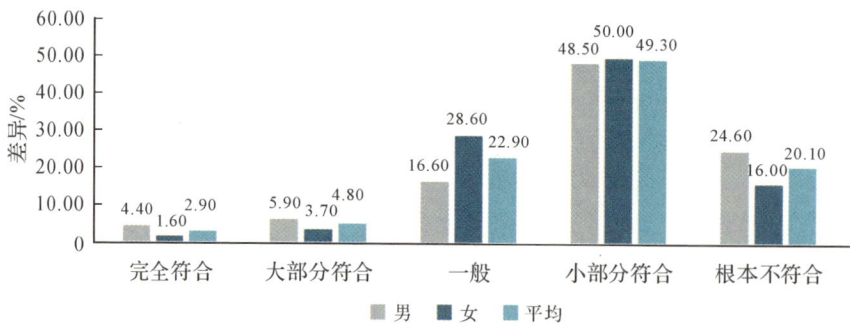

图 4.44　不同性别样本职业技能差异分析

大部分样本认为目前的工作与自己的职业兴趣相关度"一般"或"小部分符合"。根本不符合的男性样本为 24.60%,女性样本为 18.70%。整体而言,目前的工作与自身的职业兴趣相关度不是很高,见图 4.45。

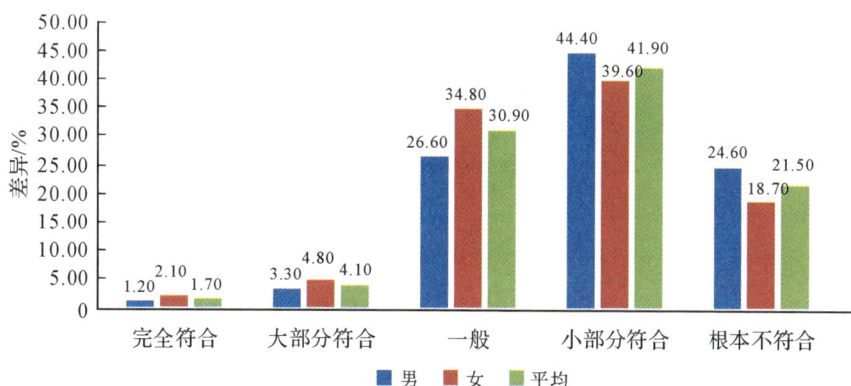

图 4.45　不同性别样本职业兴趣差异分析

约一成的样本表示"工作—家庭冲突"明显存在（男性 13.00%，女性 9.4%），约三成的样本表示与自己的实际情况"大部分符合"（男性 25.70%，女性 33.60%）。约三成的样本表示这种冲突"一般"，不太明显。见表 4.25。

表 4.25　不同性别样本工作—家庭冲突比较分析

工作—家庭冲突	完全符合	大部分符合	一般	小部分符合	根本不符合
男	13.00%	25.70%	32.20%	21.60%	7.40%
女	9.40%	33.60%	31.70%	18.30%	7.00%
平均	11.10%	29.90%	32.00%	19.90%	7.20%

约两成的样本表示几乎没有这种烦恼，即"小部分符合"。仅仅 7.20% 的样本表示根本没有这类烦恼。说明相当一部分的样本认为"工作—家庭冲突"与自己的情况"完全相符"或"比较相符"，这提示高校需要对此给予重视，而且在传统观念中，女性应该较容易被"工作—家庭冲突"困扰，实际数据显示，在这个困扰中，男女相当。男性与女性作为家庭的共同经营者，面对的冲突与困扰不相上下。也许在孕育子女的初期，特别是育儿前三年，女性作为主要付出者牺牲了休息和工作时间，不可避免地也减损了职业发展的优势。但是在后期，男女都是家庭事务的承担者，育儿责任的背负者。某种程度上，"出差""加班""熬夜搞科研"等任务往往落在男性教工的身上，一定程度上加剧了他们的工作—家庭冲突。

数据显示，约一成的人表示"我常常感到疲倦，对工作没有什么热情"。与自己的情况"完全符合"（男性 7.70%，女性 10.20%）。34.60% 的人认为职业倦怠"比较严重"。约四成的人表示"一般"。仅仅 4.20% 的样本表示几乎没有职业倦怠，对工作充满激情，见图 4.46。

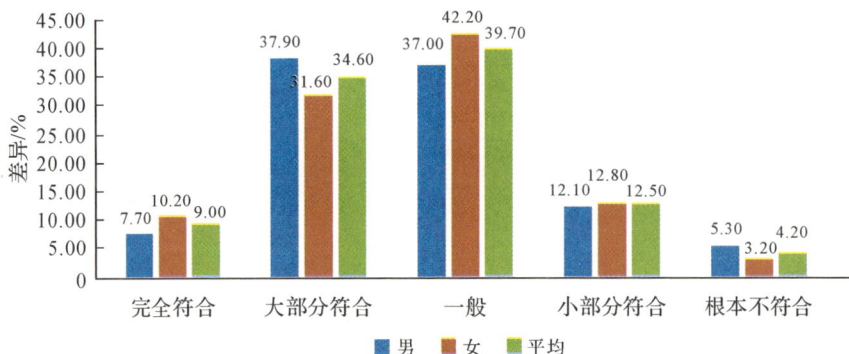

图 4.46　不同性别样本职业倦怠差异分析

不同性别的人，职业成长 1（"目前的工作与我的职业理想有关"即职业价值观）、3（"我对目前的工作感兴趣"即职业兴趣）、4（"与同事相比，我的职称或职务提升速度比较快"即晋升）、5（"与同事相比，我的薪资增长速度比较快"即待遇）等指标上有显著差异（$p<0.01$）。

第三节　不同职称样本分析

一、职称与组织义务、个人义务

整体数据显示，正高样本对"个人义务"重要性的自我感知最高，中级职称者最低。未定级者与初级职称者往往是刚入职者，或是职业处于头五年的"新人"，尚且处于职业上升期，对自己的职业发展抱着满腔热情，因此对自己的责任看得比较重。中级职称者一般是工作十来年或更久者，也许在"青椒"群中属于资深者。资深是把"双刃剑"，一方面说明工作年数久，职业经验丰富，另一方面也说明在职称评定的主战场可能已经"屡败屡战"。有的资深"青椒"屡败屡战，考虑到自己虽然不年轻，但是仍属于年富力强的壮年，也是要冲击高职称，所以即使有些疲软，仍不想过早被动"等"退休。还有一部分中年"青椒"屡战屡败，屡败屡战，一而再，再而三，已经相当精疲力尽，身心交瘁。也许是实力不济，也许是运气不佳，在职称评定的主战场上已经处于瓶颈。基于社会交换理论，他们自认为组织没有给予其应得的肯定，其对自己的责任和义务也在无形中重新评定了。与此相对，高级职称（含副高、正高）者对自身义务的自我要求也比较高。不同职称样本对个人义务重要性的感知见图 4.47。

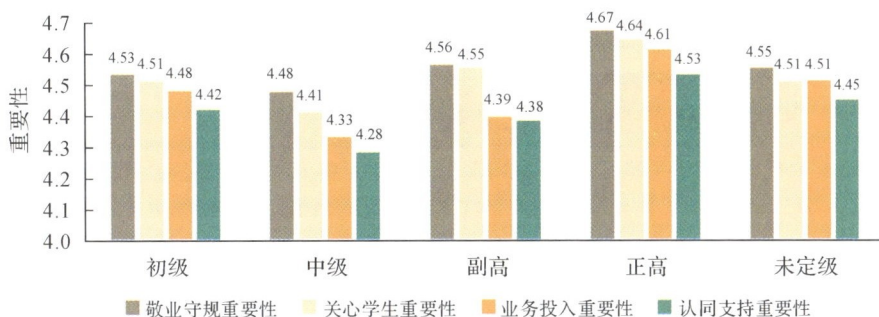

图 4.47　不同职称样本对个人义务重要性的感知

对比个人义务履行情况，高级职称者仍然认为自己履行责任较好，从高到低依次是"敬业守规""关心学生""认同支持""业务投入"。值得注意的是，在"业务投入"上，副高的 4.22 分高于正高的 4.10 分，这与大众的理解相符，正高在职称上已经"触顶"，副高还有"奔头"。不同职称样本对个人义务履行情况的感知见图 4.48。

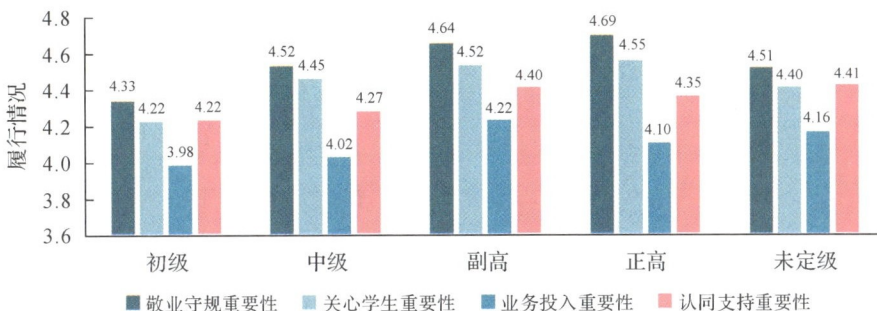

图 4.48　不同职称样本对个人义务履行情况的感知

　　不同职称样本对组织义务重要性的感知。数据显示，整体而言，正高、未定级、副高、初级、中级对组织义务重要性的感知逐渐降低，见图4.49。

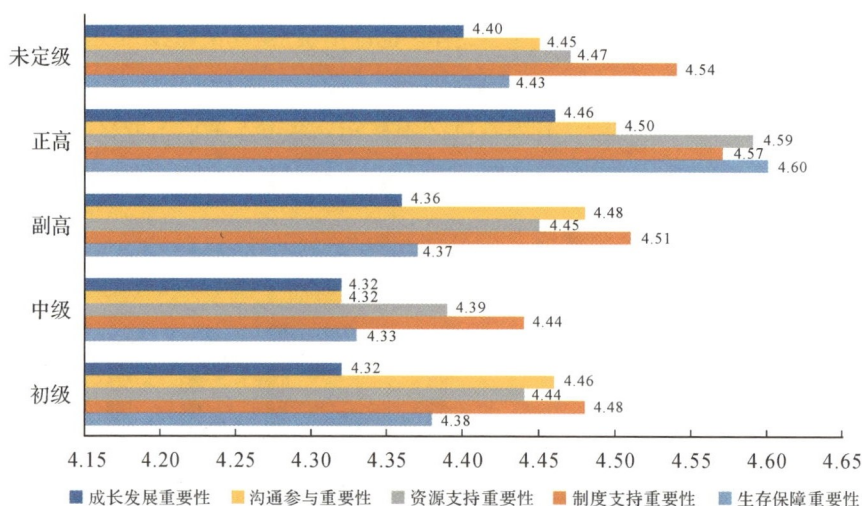

图4.49　不同职称样本对组织义务重要性的感知

　　这基本符合社会交换理论。由于组织赋能（职称评定某种意义上属于组织赋能），正高对组织的期待较高，对自己义务的感知也较高，个人与组织属于"高付出""高获得"的积极互动状态。中级是高校中比较尴尬的职称，一方面已经获得了一部分组织认可与组织赋能，另一方面，对于长期冲击副高无果的中级职称教工而言，职业瓶颈日益明显，甚至引发职业倦怠、工作满意度下降等不良后果。他们倾向于"失望""懈怠""减少付出"，个体与组织的关系属于"低付出""低获得"的消极状态。基于社会交换理论和心理契约，个体与组织之间渐渐趋于一种"收支"的平衡，继而产生剪刀差。积极工作的人，因为工作付出多，个人义务履行度高，组织倾向于给予其更多资源与肯定，个体被激励后更加积极保持"高付出"。同时，也存在一部分人，即使积极工作，无私付出，个人义务履行度高，但是由于某些原因，较少被组织赋能（比如评职称、领导岗位聘任中失利，或是多次失利），导致不公平感增加，心理契约破裂，继而引发个人或积极（奋发、建言）或消极行为（懈怠、失望）。这种心理契约破裂后的应对措施往往是动态的，比如：组织不认可我，我奋发，付出更多，然后仍然不被组织认可，随之建言，希望得到组织赋能，假如成功得到组织赋能，心理契约破裂则被修复。个人与组织处于"高付出、高获得"的"良性状态"。反之，个人多次努力之后假如仍然不能被组织认可，则会将长久以来积郁的负面情绪固化为对组织"失望"，继而产生职业行为中的"懈怠"，这将严重影响人力资源的充分利用，使高校发展和教工个人职业发展面临不利的局面。

注重发挥生力军的积极作用。未定级样本对组织义务履行情况的评价整体上最高。心理契约破裂有一个奇妙的现象：做对加分很少，做错扣分很多。就是说组织与个人在职业情境下，倾向于认为对方履行义务是理所当然的，但是当对方某一方面做得不够理想的时候则会引发很大的反感。这也许就是为什么很多人倾向于"不求有功、但求无过"。比如说组织按时按量为员工发放足额工资奖金，员工认为这是理所当然的，但是假如某一次组织扣其奖金，则会引发员工的极大不满。刚入职的员工因为入职不久，与组织发生"摩擦"的机会较少，所以员工对组织的评价整体较高，同时也体现员工倾向于与组织保持"高付出""高获得"的积极互动状态，也就是某种意义上的年轻人期待在职场大干一场。

总体而言，正高职称者对个人义务各项指标重要性的感知都高于其他职称者，中级职称者对个人义务重要性的感知得分最低。这是不是另一个中级职称现象？是职业倦怠后"懈怠"的一种表象吗？值得高校管理者给予重视。

不同职称样本对组织义务重要性的不同感知。

"生存保障"重要性得分从高到低，依次是正高（4.60）、未定级（4.43）、初级（4.38）、中级（4.33）。

"制度支持"重要性得分从高到低，依次是正高（4.57）、未定级（4.54）、副高（4.51）、初级（4.48）、中级（4.44）。

"资源支持"重要性得分从高到低，依次是正高（4.59）、未定级（4.47）、副高（4.45）、初级（4.44）、中级（4.39）。

"沟通参与"重要性得分从高到低，依次是正高（4.50）、副高（4.48）、初级（4.46）、未定级（4.45）、中级（4.32）。

"成长发展"重要性得分从高到低，依次是正高（4.46）、未定级（4.40）、副高（4.36）、中级（4.32），初级（4.32）。

不同职称样本对组织义务履行情况的不同感知见图 4.50。整体而言，各职称层面样本认为组织履行义务介于"一般"（3）和"较为满意"（4）之间。但是在"支持教工成长发展"的义务维度履行得不理想，得分均值 2.83，介于"一般"与"不太满意"之间。也就是说大部分教工认为组织在职称教工个人发展方面还可以做得更好，有较大提升空间。

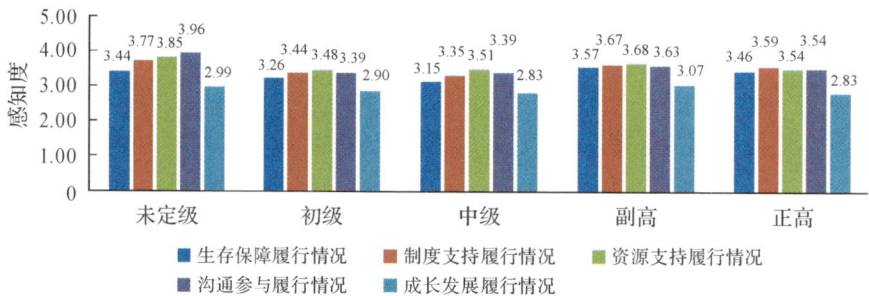

图 4.50　不同职称对组织义务履行情况感知差异分析

"生存保障"履行情况得分均值为 3.38。各职称样本对其评价得分从高到低，依次是副高（3.57）、正高（3.46）、未定级（3.44）、初级（3.26）、中级（3.15）。

"制度支持"履行情况得分均值为 3.56。各职称样本对其评价得分从高到低，依次是未定级（3.77）、副高（3.67）、正高（3.59）、初级（3.44）、中级（3.35）。

"资源支持"履行情况得分均值为 3.61。各职称样本对其评价得分从高到低，依次是未定级（3.85）、副高（3.68）、正高（3.54）、中级（3.51）、初级（3.48）。

"沟通参与"履行情况得分均值为 3.58。各职称样本对其评价得分从高到低，依次是未定级（3.96）、副高（3.63）、正高（3.54）、初级（3.39）、中级（3.39）。

"成长发展"履行情况得分均值为 2.92。各职称样本对其评价得分从高到低，依次是副高（3.07）、未定级（2.99）、初级（2.90）、中级（2.83）、正高（2.83）。

二、职称与职业观念、态度、行为

正高职称样本的积极观念得分最高，而副高职称样本的积极态度和积极行为得分最高。初级职称样本的积极观念、积极行为得分均最低，积极态度得分第二低。说明初级职称样本的组织公民行为需要引起关注。不同职称样本职业观念、态度、行为情况分析见图 4.51。

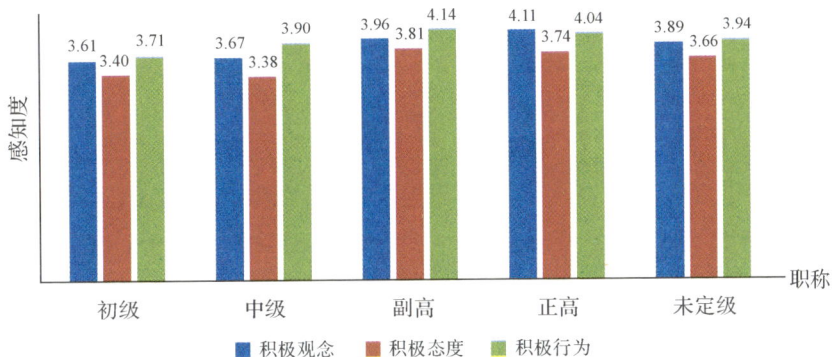

图 4.51　不同职称样本职业观念、态度、行为情况分析

积极观念具体包括"教工是否努力，取决于学校如何对待教工的愿望和想法""我觉得教工对学校的任何努力都应该得到应有的回报""工作使我的价值得到发挥"。这三个积极观念给高校人力资源组织的启示是：教工样本注重公民行为与组织激励的关系，组织公民行为是基于社会交换理论的互惠互利原则，教工有自我实现的需求。

数据显示，正高职称样本的离职倾向最低，仅为 1.78；副高职称样本的离职倾向得分最高，为 2.95。初级、中级、未定级职称样本的离职倾向不相上下。一般地，高校招聘人才需要博士或年轻副教授，所以年轻的副教授往往有资本可以找新雇主。正高职称也有部分在组织外重新就业，但大部分因为年龄过大，在组织外就业的机会变少。相反，中级、初级或未定级职称者往往在高校获得的组织赋能较少，他们倾向于在兼顾本职工作的同时去尝试新的就业可能性，年轻行政人员考取公务员、其他事业单位或回原籍就业的比例也不少。"事业留人"或"金钱留人"，不同的职称就意味着在学校不同的重要程度，职称是组织赋能的重要体现之一，也是教工最为看重的核心利益。所以，职称对样本的离职倾向有显著的影响差异。

职业承诺包括情感承诺、规范承诺、机会承诺、理想承诺。

情感承诺指标包括职业自豪感、爱岗敬业、工作热情等。具体指标包括"从事现职业我感到很自豪""干一行就得该爱一行""我认为我应该为自己的职业做出相应的贡献""对现在从事的工作充满了热情"。情感承诺得分高表示对职业的情感积极、饱满。

规范承诺表示样本认为"我觉得有责任继续从事现职业"。

机会承诺采用反向计分，问卷中的问题是："受所学专业限制，难以找到更好的职业。""我一旦离开现职业，估计很难找到别的工作。"

理想承诺表示本职业与样本职业理想的关系。问卷中的问题如："现职业提供了机会让我做自己感兴趣的工作。""学校给我提供了发展的空间，能更好地实现自我价值。""目前的工作能使我的能力得到较大提高。"

数据显示，整体而言，职称的高低与情感承诺、规范承诺、理想承诺大致呈现出正相关的关系。正高机会承诺得分最低，也就是说正高样本认为自己基本上不是因为找不到别的工作而不得已从事目前的工作。所有职称的机会承诺得分都低于3分，就是说整体而言，样本都不认为自己是因为"不得已"才从事目前的工作。情感承诺、规范承诺、理想承诺的均值都高于3分，表示整体而言，样本对自己目前的工作都是有感情的、愿意遵守职业规范、工作与职业理想有关。职称与职业承诺关系分析见图4.52。

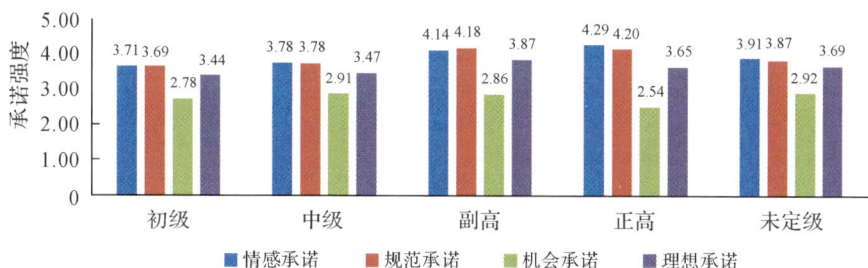

图 4.52 职称与职业承诺关系分析

三、职称与职业发展、职业满意度

数据显示，整体而言，职称越高则职业发展、职业满意度越高。但是在中级职称处，出现了奇异点。中级职称者职业满意度最低，仅为 3.52；职业发展的自我评估得分低于 3 分，仅为 2.91，仅仅比"未定级"样本均值高 0.02。为什么职业满意度低、职业发展自我评估也很低？"中级职称现象"值得高校管理者予以重视。职称与职业发展、职业满意度分析见图 4.53。

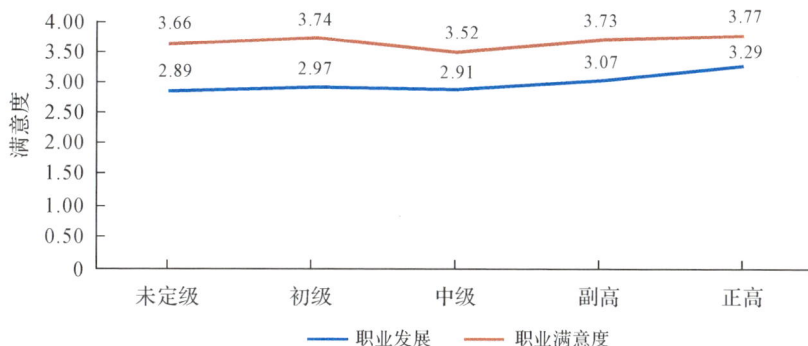

图 4.53 职称与职业发展、职业满意度分析

四、职称与心理契约违背应对措施

在职称层面，最倾向于使用"建言"策略的是未定级的样本，得分为3.13，其次是正高（2.97）、初级（2.96）。也就是说职称的两端比较偏好与组织积极对话。在"懈怠"这个策略上，四个层次的样本相差无几。在"奋发"策略上，未定级样本得分最高，为 3.29；其次是副高样本，得分 2.98。

正高职称样本"奋发"的得分最低，仅为2.67。初级和中级在"失望"策略上的得分较高，分别为3.35、3.32。职称与心理契约违背应对措施分析见图4.54。

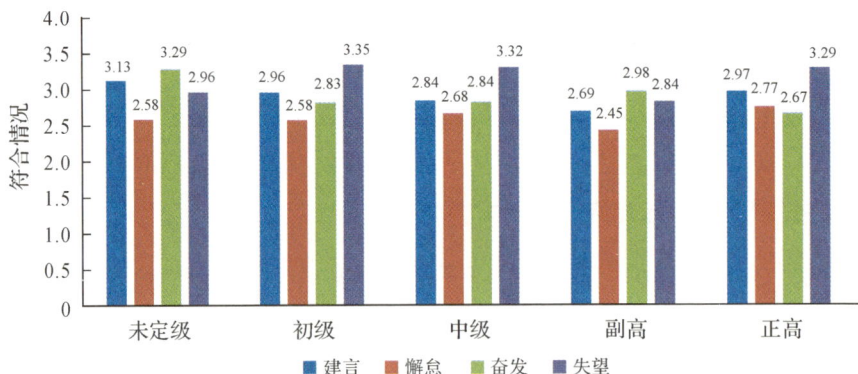

图 4.54　职称与心理契约违背应对措施分析

总体而言，遇到心理契约违背事件，正高最倾向于"失望"；副高倾向于"奋发"；中级和初级均倾向于"失望"；未定级样本倾向于"奋发"与"建言"。这也许与样本的年龄和所处的职业阶段有关，未定级者往往是新教工，处于职业适应期，对职业发展抱有较高的期望，也愿意付出更多努力，遇到感觉不公的事件，倾向于主动与组织沟通，或者愿意付出更多努力，获得组织的肯定。初级与中级，处于职称金字塔的底层或中下部，遇到不公事件，容易产生"人微言轻"、建言也没有什么用的无力感，较容易产生"失望"情绪。

除了正高外，职称越高，建言的积极性越低。这也许和工龄、职业阶段有关。工作初期，也许他们也积极建言，但是参与了一些座谈会、提出了一些建议之后，也许很多建议和提议并没有得到及时的回复和妥善的解决，因此久而久之，建言的积极性逐渐降低。为什么到了正高又"建言"积极性上升了呢？这可能与正高职称者在高校中往往担任一些行政职务或学术职务有关，他们在一定的场合具有一定发言权和表决权。所以，教工的建言积极性是和他们建言后的效力有显著关系的。

奋发则与职称大致呈负相关，职称越高，奋发的积极性越低。也许因为正高已经处于职称金字塔的顶端，可以提升的空间较少。所以正高者倾向于"建言"，建言不成则往往转为"失望"。

副高较不容易产生懈怠，也许是因为职称上还有一步之遥，要铆足劲去拼一拼，搏一搏。正高较容易产生懈怠，特别是建言无果的情境下。

五、职称与组织公民行为

数据显示，整体而言，高级职称者更倾向于表现出积极观念（正高4.11、副高3.96）、积极态度（副高3.81、正高3.74）与积极行为（副高4.14，正高4.04）。中级与初级样本则显示得分较低，未定级样本介于"高级职称"与"中初级职称"之间。

积极观念最高的是正高（4.11）、最低的是初级（3.61）；积极态度最高的是副高（3.81），最低的是初级（3.40）；积极行为最高的是副高（4.14）、最低的是初级（3.71）。

积极观念具体包括公民行为与组织激励的关系、社会交换理论、自我实现等内容。具体问题包括："工作使我的价值得到发挥""教工是否努力，取决于学校如何对待教工的愿望和想法""我觉得教工对学校的任何努力都应该得到应有的回报""工作使我的价值得到发挥"等指标。

积极态度具体包括组织信任、工作满意度、组织承诺、组织认同、情感依附等内容。具体包括"我信任我的学校""我对自己的职业发展很满意""我对我的工资待遇满意""我对学校给我的整体待遇满意""我会在朋友面前称赞我的学校是个好单位""我很关心学校的发展""我信任我的学校"等指标。

积极态度得分最高的是副高（3.81）、最低的是中级（3.38）。

积极行为具体包括"我积极为学校发展提出合理有效建议""我会为适应学校发展而努力自我提升""我积极维护学校的声誉""我与学校荣辱与共，愿意为其牺牲个人利益""我会帮助同事解决工作或生活中的困难""我会主动帮助有困难的学生"等指标。

积极行为得分最高的是副高（4.14），最低的是初级（3.71）。不同职称样本组织公民行为差异分析见图4.55。

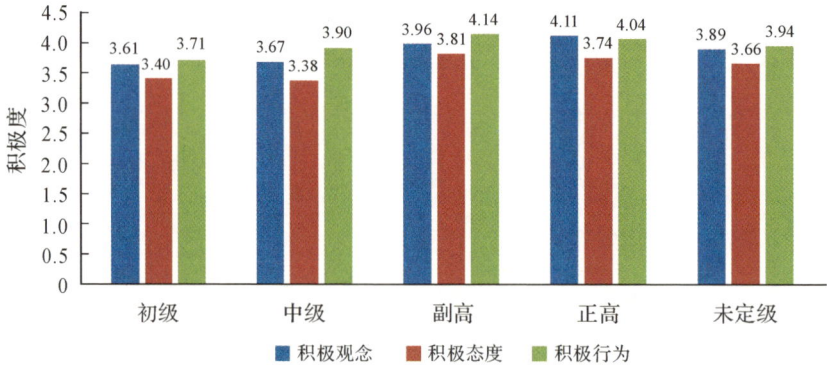

图 4.55　不同职称样本组织公民行为差异分析

六、职称与离职倾向、组织承诺

数据显示，整体而言，各职称样本的离职倾向均低于 3，说明样本整体离职倾向不高。离职倾向最低的是正高，仅为 1.78；离职倾向最高的是副高，为 2.95；初级、中级、未定级比较接近，分别是 2.73、2.76、2.76。副高离职的主要原因是什么？组织外职业竞争较少？本校评正高不顺，外校开出更优厚的待遇？诱人的薪资还是正高职称？事业留人与金钱留人，终归必有其一。不同职称样本离职情况差异分析见图 4.56。

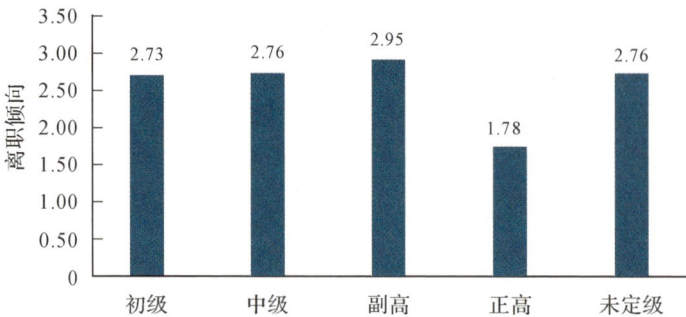

图 4.56　不同职称样本离职情况差异分析

不同职称样本在组织承诺的数据显示：正高的机会承诺得分最低，其他三项得分较高。

情感承诺上，正高最高（4.29）、初级最低（3.71）。规范承诺上，正高最高（4.20）、初级最低（3.69）。机会承诺上，未定级最高（2.92）、正高最低（2.54）。理想承诺上，副高最高（3.87）、初级最低（3.44）。不同职称样本组织承诺差异分析见图4.57。

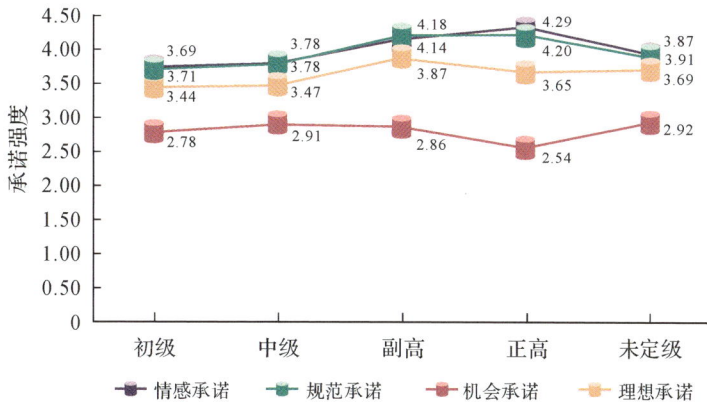

图4.57　不同职称样本组织承诺差异分析

　　不同职称者职业发展自我评价由高到低分别是：正高3.29、副高3.07、初级2.97、中级2.91、未定级2.89。职业满意度由高到低依次是：正高3.77、初级3.74、副高3.73、未定级3.66、中级3.52。不同职称教工职业发展现状见图4.58。

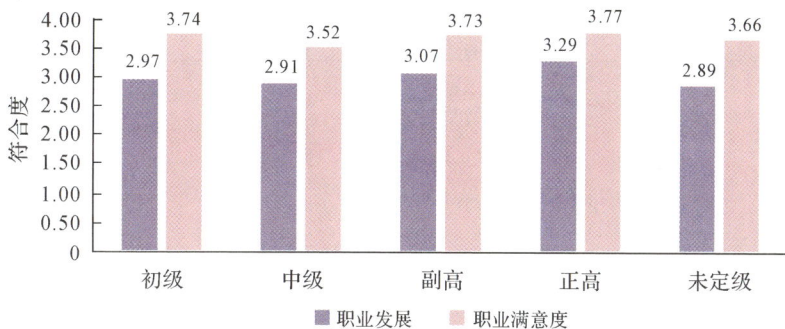

图4.58　不同职称教工职业发展现状

第四节 不同婚姻状态样本分析

一、婚姻状态与个人义务、组织义务

数据显示，已婚教工在个人义务各维度上履行情况均略优于单身者。已婚教工在个人义务各维度上履行情况得分如下："敬业守规"（已婚4.57、单身4.37）、"关心学生"（已婚4.48、单身4.17）、"业务投入"（已婚4.09、单身4.00）、"认同支持"（已婚4.31、单身4.17）。这与我们原本想象的已婚者因为照顾家庭而会减少工作中的投入不吻合。或许单身者的业余精力在主业之外，如发展副业，或休闲娱乐，或其他。或者由于代际差异，年长者更倾向于模糊工作和生活的边界，对加班、非工作时间从事与学校有关的事情更加习以为常。而年轻一代，如"90后"，更清晰地划分了工作与生活的边界。两者在"关心学生"上也有显著差异。不同婚姻状态样本对个人义务履行情况感知差异分析见图4.59。

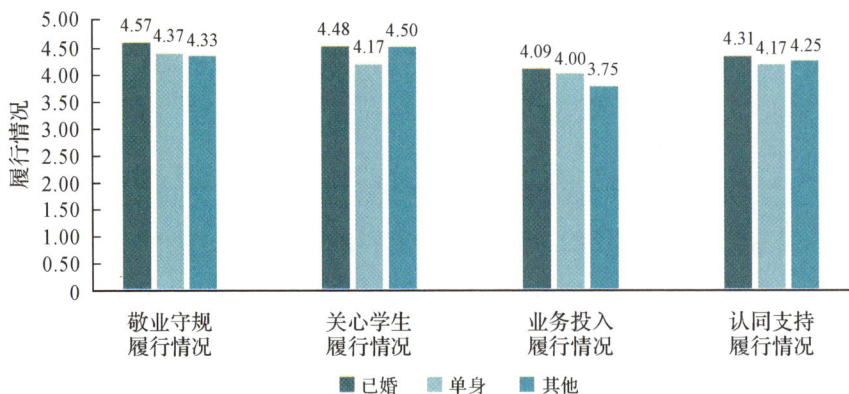

图 4.59 不同婚姻状态样本对个人义务履行情况感知差异分析

不同婚姻状态样本对组织责任履行情况的感知存在差异。数据显示，单身教工对"生存保障""制度支持""资源支持""沟通参与""成长发展"各维度上组织义务履行情况的感知均略优于已婚者。单身样本对组织义务各维度的感知均高于已婚样本。"生存保障"（已婚3.25、单身3.58）、"制度支持"（已婚3.45、单身3.6）、"资源支持"（已婚3.54、单身3.72）、"沟

通参与"（已婚 3.46、单身 3.74）、"成长发展"（已婚 2.86、单身 3.19）。
不同婚姻状态样本对组织义务履行情况感知差异分析见图 4.60。

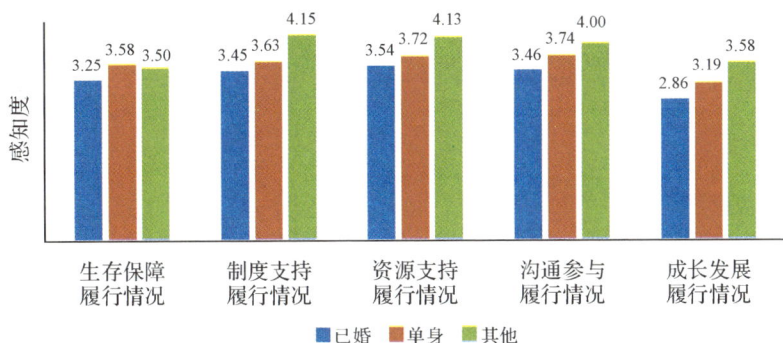

图 4.60　不同婚姻状态样本对组织义务履行情况感知差异分析

已婚者对组织的物质生存保障履行情况（主要是薪资和住房）满意度
不高。随着年龄的增长，工龄的增加，教工的收入相比同龄人增加得较慢。
一方面是增长较慢的收入，另一方面是养家育儿、赡养老人的支出增加。
中年压力使得教工对工资待遇的满意度不及新进的未婚年轻教工。得分最
低的，也就是教工最不满意的是"成长发展"，得分低于 3 分，表示整体
而言"不太满意"。这在单身和已婚者的"职业发展"满意度测试中，再
次得到验证。整体而言，教工的"职业满意度"在 3 分以上，倾向于比较
满意，但是"职业发展"上得分在 3 分之下，接近于"不太满意"。也就
是说，这份工作整体比较满意，但是在"发展"上看不到太大的空间和后劲。
这种发展是多维度的，既有薪资待遇上比起外行业的同龄人"缺乏竞争力"，
也包含自己在本单位中的"职称""职务""职级"晋升疲软。

在对组织义务重要性感知的指标上，最重视"生存保障"义务的是其
他人员（离异、丧偶等）（E=4.55），其次是已婚人员（E=4.40），最后是
单身人员（E=4.24）。

比较重视"制度支持"义务的是其他人员（E=4.60），其次是已婚人员
（E=4.51），最后是单身人员（E=4.32）。最重视"资源支持"义务的是已
婚人员（E=4.46），其次是其他人员（E=4.44），最后是单身人员（E=4.29）。

比较重视"沟通参与"义务的是其他人员（E=4.50），其次是已婚人员（E=4.41），最后是单身人员（E=4.32）。

比较重视"成长发展"义务的是已婚人员（E=4.36），其次是其他人员（E=4.33），最后是单身人员（E=4.26）。不同婚姻状态样本对组织义务履行情况感知差异分析见图4.61。

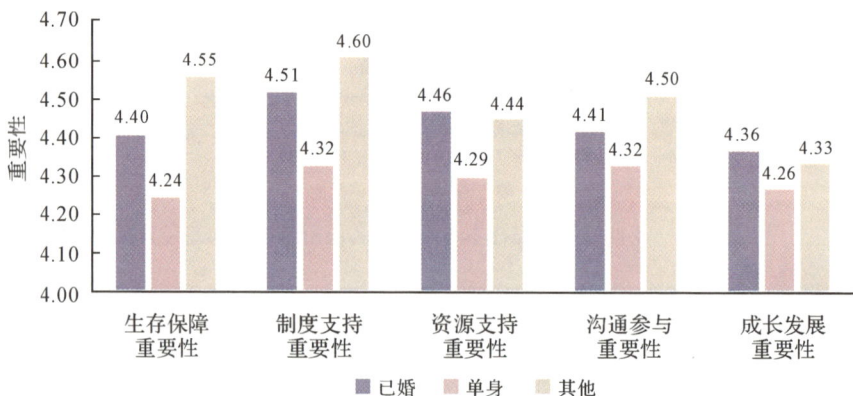

图4.61　不同婚姻状态样本对组织义务履行情况感知差异分析

二、婚姻与职业发展、职业满意度

已婚者职业满意度低于单身者。可能与单身者可以更加全身心投入工作，较少受到"工作—家庭"冲突有关。进一步验证单身者与已婚者的"工作—家庭"冲突数据。数据显示，并不是工作家庭冲突导致的差异，差异主要来自职业成长和职业倦怠。不同婚姻状态样本职业发展、职业满意度差异分析见图4.62。

数据显示，未婚者职业技能提升的自我评价最高（3.91），与此同时，职业倦怠感也最高，得分为2.91。其次是已婚者，分别为3.77、2.65；最低的是其他婚姻状态（如离异、丧偶等），为3.25、2.25。也许是未婚者没有家庭事务的干扰，可以全身心工作，故职业技能提升较快，与此同时因为工作时间较长，也存在一定程度的职业倦怠。已婚者难免受到家庭事务的影响，在工作时间上、强度上有一定影响，职业技能提升的自我感觉略低于未婚者。但是由于生活重心从工作变成"工作""家庭"两元，职业发展不是唯一重心，故职业倦怠也较未婚者轻。其他婚姻状态者，或因为单亲家庭需要更多照顾子女，或因为一定程度上缺少完整家庭的情感归属，也在一定程度上使其无法完全积极地投入工作。综上，婚姻的状态在一定程度上影响着职业技能提升与职业倦怠，见图4.63。

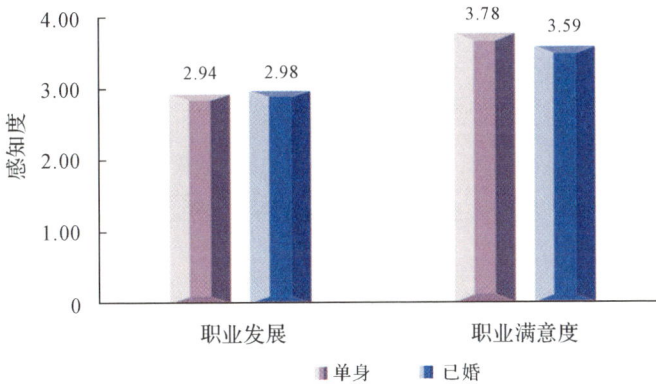

图 4.62 不同婚姻状态样本职业发展、职业满意度差异分析

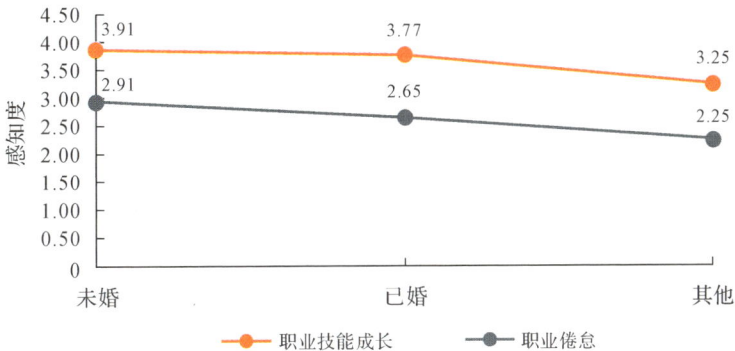

图 4.63 不同婚姻状态样本职业技能提升与职业倦怠差异分析

三、婚姻与心理契约违背应对方式的差异分析

婚姻状态对应对方式有一定影响。其中"奋发"维度有显著差异（ $p<0.05$ ），奋发是指在遇到心理契约违背时，加倍付出努力，以期以更"奋发有为"的姿态回应组织，增加组织对他的好感与认可。已婚者最不倾向于"奋发"，得分为2.86。单身者得分为3.08。其他者得分最高，为3.50，也就是最愿意

在遇到"不公"事件时，以加倍努力回应。整体而言，"建言"和"失望"得分较高。也就是说一般人会选择主动与组织沟通，沟通不力的情况下容易导致"失望"。不同婚姻状态样本心理契约违背应对方式差异分析见图4.64。

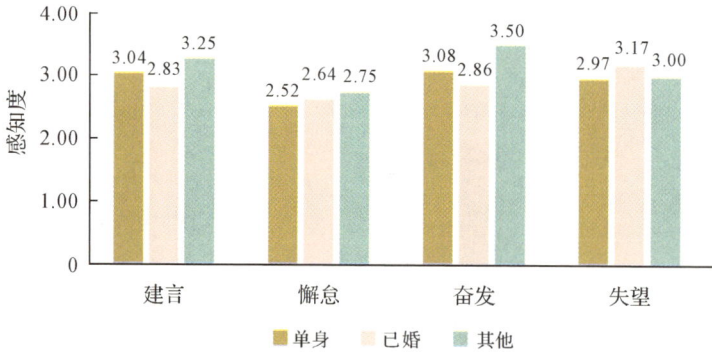

图4.64　不同婚姻状态样本心理契约违背应对方式差异分析

四、婚姻状态与职业阶段特征分析

探索期特征主要从两个指标考察："我正在寻找真正感兴趣的工作内容""在我选定的职业领域开始起步"。立业期特征从"我希望在目前的工作领域取得更快的发展和进步""逐渐适应现有的这份工作"两方面考察。维持期特征主要从"维持目前的工作状况与工作业绩""找到值得我去努力解决的新问题"两方面考察。退出期特征主要表现为"我会规划和安排好退休生活""我想开发出可以优化和简化我工作的新方法"。

数据显示如下：不同婚姻样本在建言、奋发、职业满意度方面有显著差异（$p<0.001$）。

在职业"积极观念"上，最佳的是单身人员（E=3.69），其次是其他人员（E=3.58），最后是已婚人员（E=3.30）。在职业"积极态度"上，最佳的是单身人员（E=3.61），其次是已婚人员（E=3.51），最后是其他人员（E=3.46）。在职业"积极行为"上，最佳的是单身人员（E=3.98），其次是已婚人员（E=3.93），最后是其他人员（E=3.88）。不同婚姻状态样本职业观念、态度、行为差异分析见图4.65。

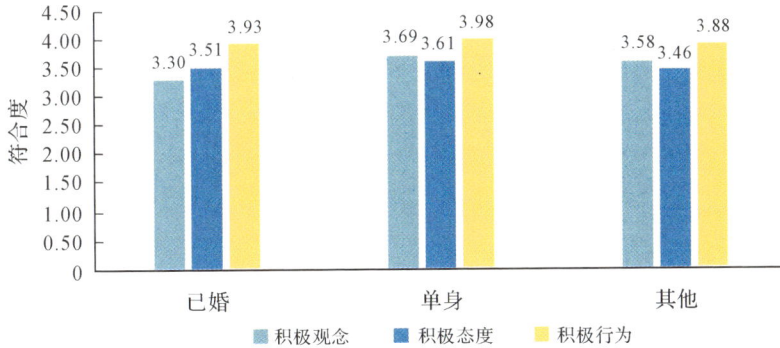

图 4.65 不同婚姻状态样本职业观念、态度、行为差异分析

在"离职倾向"上（5分表示离职倾向非常强烈，1分表示离职倾向非常弱），离职倾向最明显的是单身人员（E=2.92），其次是已婚人员（E=2.67），最低是其他人员（E=2.56）。不同婚姻状态样本离职倾向差异分析见图4.66。

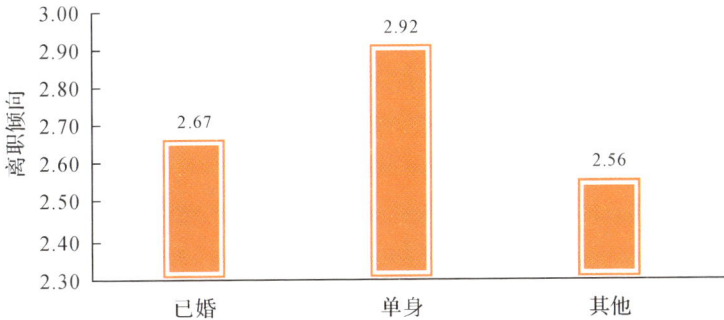

图 4.66 不同婚姻状态样本离职倾向差异分析

在组织承诺（5分表示承诺非常强烈，1分表示承诺非常弱）维度的"情感承诺"指标上，最佳的是已婚人员（E=3.91），其次是其他人员（E=3.88）、最低的是单身人员（E=3.86）。在职业"规范承诺"上，最佳的是其他人员（E=4.00），其次是已婚人员（E=3.91），最后是单身人员（E=3.79）。在职业"机会承诺"上，最佳的是其他人员（E=2.88），其次是已婚人员（E=2.86），最后是单身人员（E=2.82）。在职业"理想承诺"上，最佳的是其他人员（E=3.83），其次是单身人员（E=3.67），最后是已婚人员（E=3.56）。不同婚姻状态样本组织承诺差异分析见图4.67。

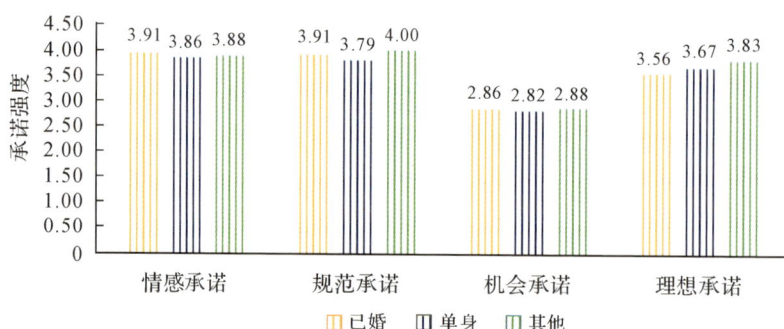

图 4.67　不同婚姻状态样本组织承诺差异分析

在职业现状（5分表示非常满意，3分表示一般，1分表示非常不满意）的"职业发展"指标上，最佳的是已婚人员（E=2.98），其次是其他人员（E=2.96），最低的是单身人员（E=2.94）。在职业现状"职业满意度"上，最佳的是单身人员（E=3.78），其次是其他人员（E=3.73），最后是已婚人员（E=3.59）。不同婚姻状态样本职业发展、职业满意度分析见图4.68。

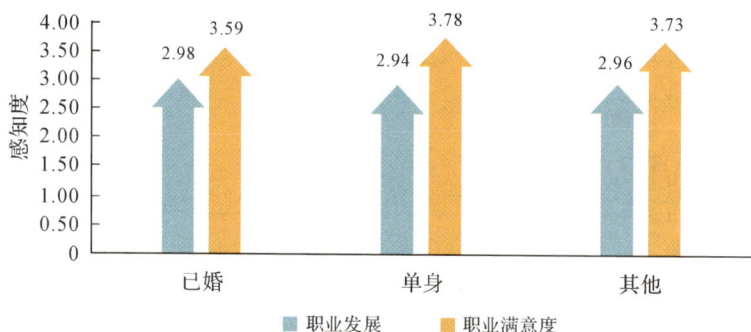

图 4.68　不同婚姻状态样本职业发展、职业满意度分析

在心理契约违背的应对模式上（5分表示非常满意，3分表示一般，1分表示非常不满意），不同婚姻状态的教工表现出不同的倾向。

"奋发"和"失望"是得分较高的两种应对措施。

最敢于"建言"，主动积极与组织谈判沟通的是其他婚姻状态的教工（E=3.25），其次是单身人员（E=3.04），最低的是已婚人员（E=2.83）。

遇到挫折或不平的事件，"奋发"仍是教工偏好的行为，因为中国人看重关系，看重集体利益，"吃苦耐劳，吃亏是福"的意识比较深厚，一些"小亏"并不能马上使得教工心灰意冷，教工还是倾向于从自身找不足，期望更努力地工作，以被领导赏识，被组织重用。因此"奋发"得分较高。"奋发"中得分高低依次是其他婚姻状态（E=3.50），单身（E=3.08），已婚（E=2.86）。

"屡败屡战"是激励人心的话语，但是在现实中，并不是所有的人都有如此的耐心与毅力。长期加倍努力并不一定换来晋升加薪，也许反而被当成"老好人""老黄牛"，活多钱少，多做多错。然而，长久的心理失衡，难免生积怨。眼见着身边的领导一个个比自己年轻，自然心生落寞，虽心有不甘，然无力改变，失望无奈油然而生。因此"失望"得分较高。"失望"中得分高低依次是其他婚姻状态、单身、已婚。不同婚姻状态样本心理契约违背应对模式分析见图4.69。

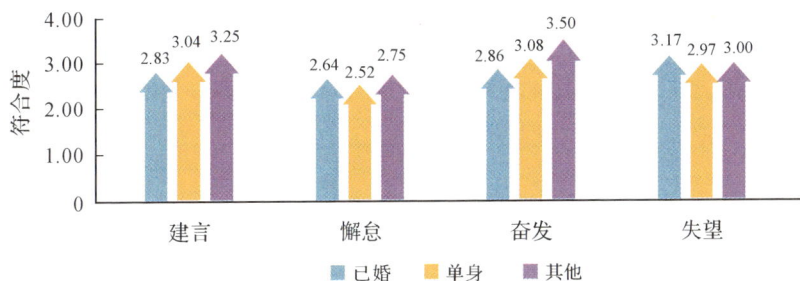

图4.69 不同婚姻状态样本心理契约违背应对模式分析

第五节 不同学历样本分析

一、学历与组织义务、个人义务

不同学历样本数据显示，不论学历层次如何，样本都一致认为"敬业守规"的重要性排第一。此外，硕士认为"关心学生"很重要（得分4.49）。博士认为"业务投入"很重要（得分4.49）；本科在"业务投入"重要性上分数最低，仅为4.27；博士最高，为4.49。此外，数据显示，不同学历样本在职称、岗位、职位、收入上都有显著差异（p<0.01）。不同学历教工对

个人义务重要性的感知见图 4.70。

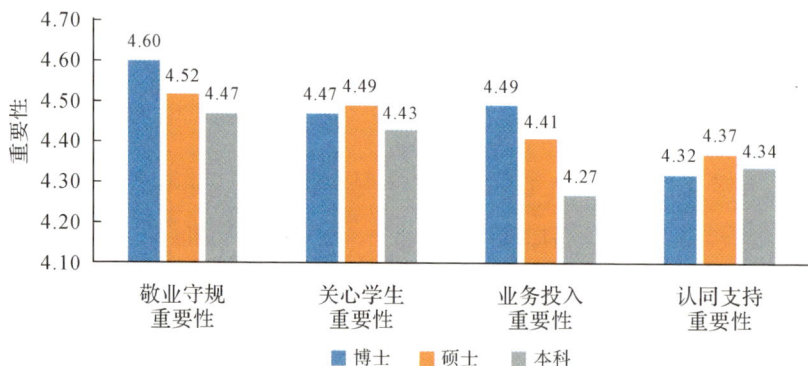

图 4.70　不同学历教工对个人义务重要性的感知

不同学历样本数据显示，不论学历层次如何，样本都一致认为自己"敬业守规"履行得最好（博士 4.71、硕士 4.52、本科 4.40）。"认同支持"履行情况由高到低分别是：博士 4.44、硕士 4.28、本科 4.15。"业务投入"履行方面，博士最高，为 4.44，硕士为 4.05，本科为 3.80。不同学历状态样本对个人义务履行情况的感知见图 4.71。

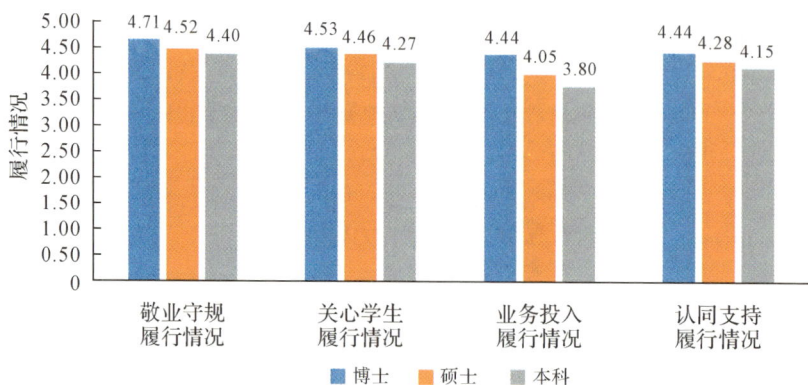

图 4.71　不同学历状态样本对个人义务履行情况的感知

博士样本认为最重要的组织义务是生存保障（4.59），其次是资源支持（4.57），再次是制度支持（4.55）。硕士样本最看重制度支持（4.48），其次是资源支持（4.45）。本科样本最看重制度支持（4.42），其次是资源支持（4.25）和沟通参与（4.25）。不同学历教工对组织义务重要性的感知见图4.72。

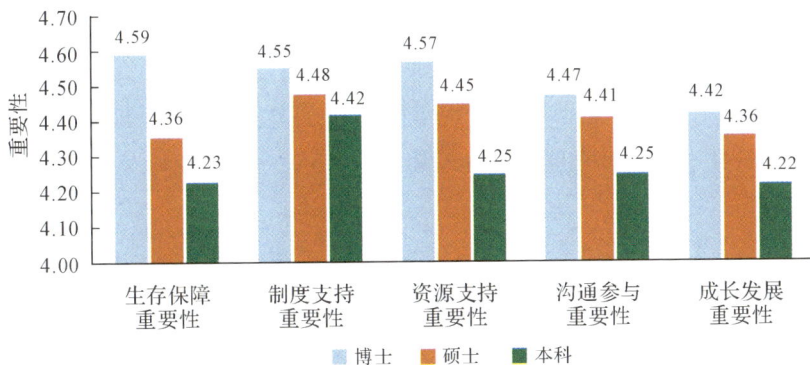

图4.72 不同学历教工对组织义务重要性的感知

在组织义务履行方面，博士样本认为履行得最好的组织义务是沟通参与（3.53），其次是制度支持（3.46），再次是资源支持（3.44）。硕士样本认为组织履行得最好的义务是资源支持（3.63），其次是制度支持（3.51）。本科样本认为履行最好的组织义务是资源支持（3.51）。不同学历教工对组织义务履行情况的感知见图4.73。

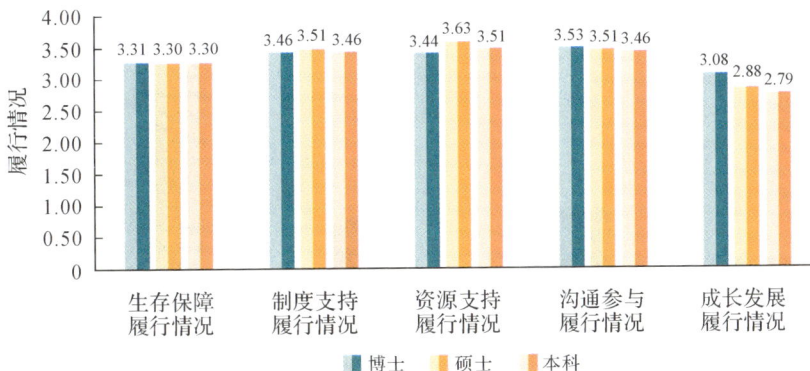

图4.73 不同学历教工对组织义务履行情况的感知

所有样本认为组织履行得最不理想的义务是"成长发展"，博士得分为 3.08，也就是"一般"。硕士和本科的得分分别是 2.88、2.79，介于 3 分"一般"和 2 分"不太满意"之间。其次，对生存保障的评价也仅为 3.31（博士）、3.30（硕士）、3.30（本科）。

二、学历与职业发展、态度、行为

在组织公民行为和职业观念、积极行为上，博士得分均最高，分别是 3.94、4.06。本科样本在积极态度上得分最高，为 3.55，见图 4.74。

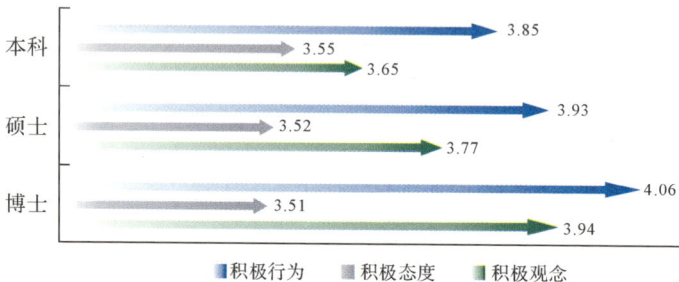

图 4.74　不同学历状态样本职业观念、态度、行为分析

本科生离职倾向得分最高，为 3.10，博士、硕士分别是 2.63、2.61，见图 4.75。

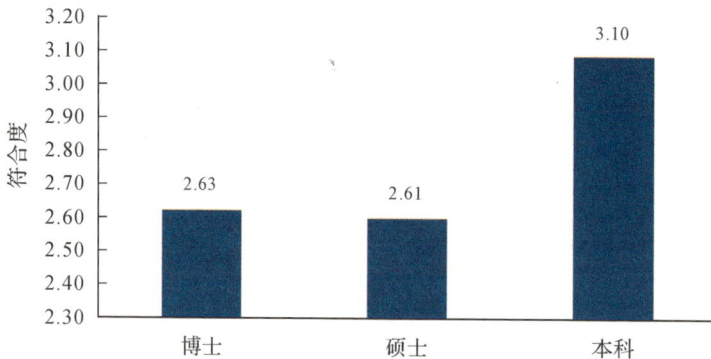

图 4.75　不同学历状态样本离职倾向分析

三、学历与组织承诺

职业承诺 3 个维度上，博士得分最高，分别是理想承诺（3.68）、规范承诺（4.01）、情感承诺（4.06），见图 4.76。

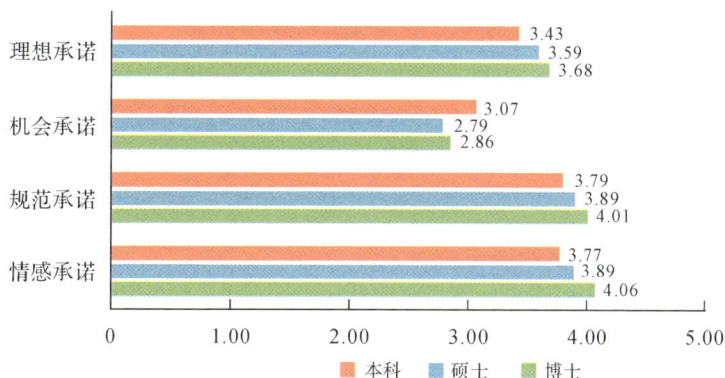

图 4.76　不同学历状态样本组织承诺分析

四、学历与职业发展

职业发展上，博士得分最高，为 3.04，硕士得分为 3.00，本科得分为 2.83。本科样本大致对职业发展抱"一般"或"不太满意"的自我感知。本科样本在高校中常常处于行政基层，在教学科研上参与度低，在行政领导方面也不具有太多发言权，主要担任一线办事员的角色，在职称职务的竞争上也不具较大优势，故对自身的职业发展感觉不佳。

职业满意度上，硕士得分最高（3.65），本科居中（3.61），博士最低（3.54）。说明本科样本即使对自己职业发展不太看好，但是对自己能在高校谋得目前的工作，还是基本比较满意的。不同学历状态样本职业现状分析见图 4.77。

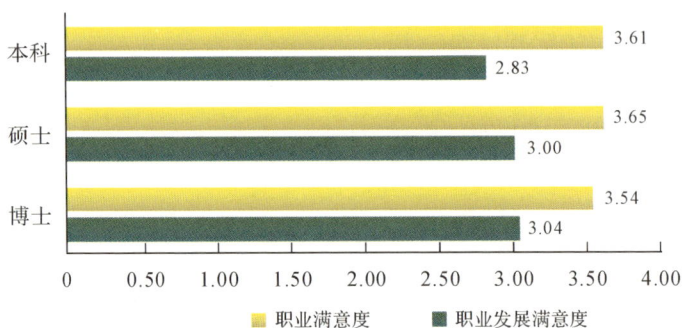

本科 3.61 / 2.83
硕士 3.65 / 3.00
博士 3.54 / 3.04

■ 职业满意度　■ 职业发展满意度

图 4.77　不同学历状态样本职业现状分析

五、学历与心理契约违背应对方式

不同学历样本在面对心理契约违背的应对措施上有显著差异。博士最倾向于"失望"（3.18），其次是建言（2.87）。硕士则倾向于"失望"（3.19）、"奋发"（2.99）。本科则偏好"奋发"（3.04）、"建言"（2.95）。整体而言，懈怠是样本最易做出的选择，期望值为 3.09，介于 3 分"一般"与 4 分"比较赞同"之间。这也许与中国人职场发展重"长期关系"和"隐忍"的文化传统有一定关系。遇到自己认为"吃亏"的事件，或是自我安慰，暗示自己要"忍耐"，"吃亏是福"，或是勉励自己再接再厉，"是金子总会发光的""路遥知马力，日久见人心"。也许这样的自我暗示之后，组织与个人的心理契约违背感有所缓和改善，也许反而更加走向坏的一面，形成根深蒂固的"失望"与无奈情绪。也不排除，这种负面情况在一定情景下，诱发教工负面的组织公民行为，比如消极怠工、传播不利于组织的言论等。不同学历教工心理契约违背应对模式分析见图 4.78。

职业发展受哪些人口变量职业变量影响？数据显示，职业发展与学历、职位、职称都显著相关。特别是与学历、职称高度相关。这个与高校的实际情况高度吻合。高学历是进入高校职业发展的门槛；博士作为教师的主要学历层次，是学校的一线员工，是学校发展最主要的资源。职称评定、资源配置也理所当然往教师倾斜。收入是与职业发展高度相关的另一个主要显性因素，某种程度上也是职业发展好坏的物化表现之一。

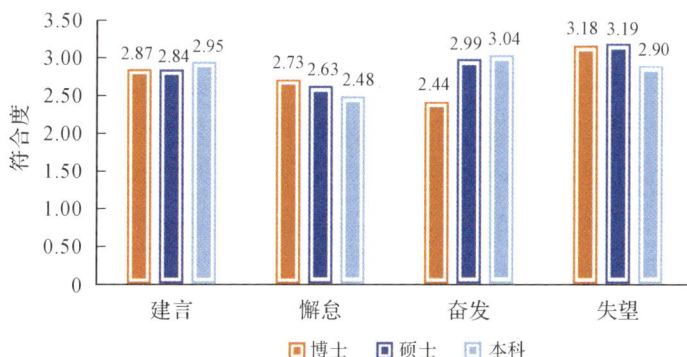

图 4.78 不同学历教工心理契约违背应对模式分析

将心理契约违背应对措施与职业发展、职业满意度、积极观念、积极态度、离职倾向、积极行为、情感承诺、规范承诺、机会承诺的相关性进行分析。数据显示：离职倾向与"建言"呈负相关（$r=-0.277$），机会承诺与"建言"呈负相关（$r=-0.269$）。与"懈怠"呈负相关的因素有职业发展（$r=-0.290$）、职业满意度（$r=-0.311$）、积极态度（$r=-0.397$）、积极行为（$r=-0.350$）、情感承诺（$r=-0.340$）。与"失望"呈负相关的有职业发展（$r=-0.281$）、职业满意度（$r=-0.363$）、积极观念（$r=-0.189$）、积极态度（$r=-0.454$）、积极行为（$r=-0.265$）、情感承诺（$r=-0.207$）、规范承诺（$r=-0.248$）、机会承诺（$r=-0.304$）。

第六节 不同工龄样本分析

一、工龄与职业期特征的分析

随着工龄的增加，立业期特征逐渐减弱，但是并非直线下降。10—20年工龄、30年以上又出现了"抬头"现象。说明在不同职业发展阶段，职业发展存在建构、破解、重构的现象。不是所有人的事业重心都是刚进职场时候确立的研究领域。随着工作经验的增加，对自己的认知，对职业世界的理解日益深入，结合轮岗（高校每 3—4 年会开展大规模的全员聘任），岗位性质改变（如一线教师转行政管理），或者职称职务的变化（如教师竞聘院长），事业的重心也会随之改变。每次变动不亚于一次创业，工作内容和对象随之改变，因此需要重构职业胜任力与工作内容。数据显示，在工作 30 年之后，接近退休，却又表现出较高的立业期特征。这是为什么？也许是因为高校教工的知识分子属性决定其知识经验并不随着退休而减损，反而出现"越老越吃香"的专家型特质。因此，不少教工在退休后再次创业，发挥光与热。甚至也可以有足够的时间、精力开展在退休前由于在职身份受限不能充分开展的职业领域，迎来职业的第二个高峰。为什么是两个高峰？这可能说明了职业周期在整个职业生涯中不仅仅出现一次，可能是多次。随着岗位变动等原因，教工重复出现探索期、立业期、维持期、退出期的特征。不同工龄样本立业期特征差异分析见图 4.79。

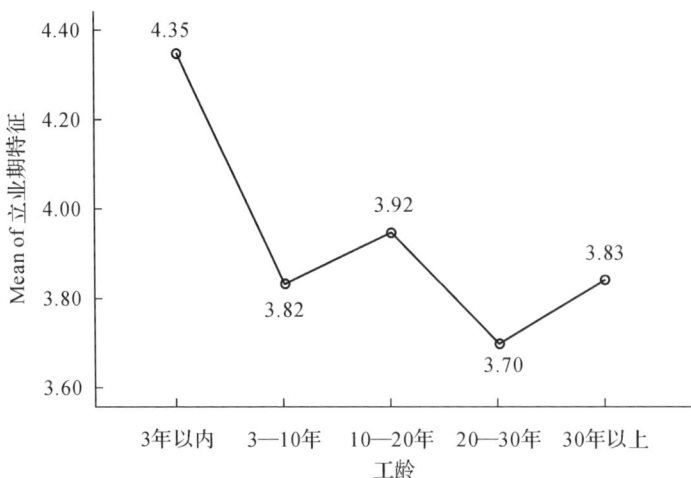

图 4.79　不同工龄样本立业期特征差异分析

二、工龄与心理契约违背应对模式

数据显示，四种应对方式在不同年龄中存在显著差异。21—30 岁样本倾向于"奋发"。31—60 岁样本倾向于"失望"。51—60 岁临近退休的样本和 60 岁以上返聘教工样本则倾向于"建言"。这启示学校管理者，应该多倾听临近退休的教工的意见。他们在学校工作多年，经验丰富，自己的发展已经趋于稳定，反而有更多时间和精力为学校发展"建言献策"。不同工龄样本心理契约违背应对模式差异分析见表4.26。

表 4.26　不同工龄样本心理契约违背应对模式差异分析

年龄	建言	懈怠	奋发	失望
21—30 岁	2.92	2.54	3.14	3.01
31—40 岁	2.81	2.64	2.73	3.28
41—50 岁	2.91	2.77	3.20	3.28
51—60 岁	3.06	2.60	2.95	3.25
60 岁以上	3.00	2.00	2.00	2.00
均值	2.87	2.62	2.90	3.14

第七节　不同年龄样本分析

一、年龄与心理契约违背应对模式

不同年龄样本中四种应对方式的差异。21—30 岁的样本最倾向于"奋发"，因为这个年龄段的教工还很年轻，对于遇到不满的情况，善于自我反思。这和中国的文化与价值观密不可分。中国人在团体组织中倾向于培养"长远关系"。短暂的一两次不满，往往不足以令教工"失望""懈怠"。随着持续努力的付出，到了 31 岁及之后，"失望"的分值超过了积极的"建言"与"奋发"。60 岁之后，"建言"的比例增加。不同年龄样本心理契约违背应对方式差异分析见图 4.80。

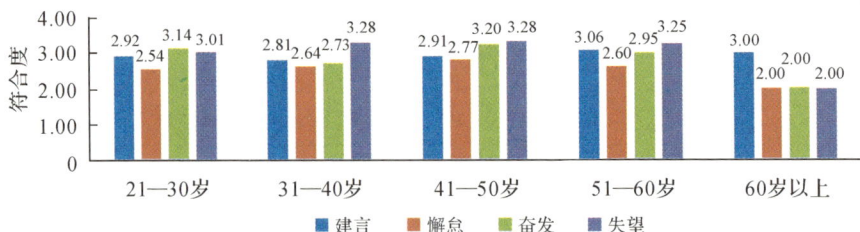

图 4.80　不同年龄样本心理契约违背应对方式差异分析

二、年龄与职业发展

数据显示，不同年龄段的教工整体上对自己的职业是倾向于"比较满意"的，满意度均值为 3.62，介于"3 分，一般"与"4 分，比较满意"之间。然而对于自己的职业发展，整体均值为 2.98 分，介于"3 分，一般"与"2 分，比较不满意"之间。说明教工即使对自己的这份工作"整体上比较满意"，然而对于自己个人的发展，觉得"比较一般"。

41—50 岁样本对自身职业发展评价得分最低，仅为 2.95；41—50 岁样本职业满意度也最低，仅为 3.53。说明 41—50 岁是值得高校注意的职业发展低谷或瓶颈的高发年龄段，职业高原、职业倦怠等具体原因与表象值得去研究分析。毕竟 41—50 岁是年富力强的员工，他们的工作积极性对高校的发展至关重要。不同年龄样本职业发展与职业满意度差异分析见图 4.81。

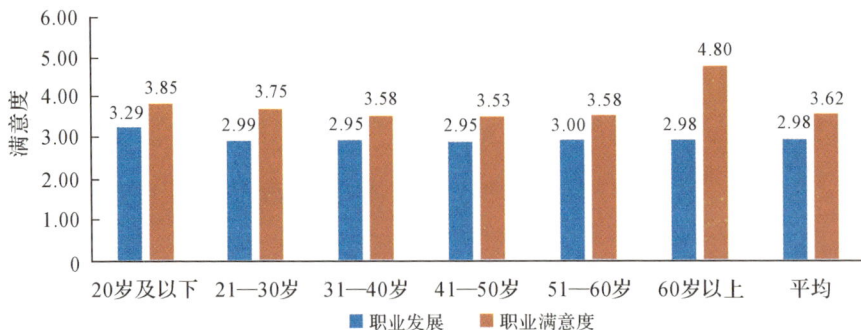

图 4.81　不同年龄样本职业发展与职业满意度差异分析

不同年龄者在职业发展上存在显著差异。20岁及以下者（主要是后勤工作者）职业发展自我评价一般。21—60岁年龄段对职业发展的评价在3分左右（自我评价一般）。31—50岁年龄段满意度最低。60岁以上者数据陡然上升，这个现象耐人寻味。这个是不是和职员制下，高校一般将临近退休教工的职级"往高靠"有关？那么，如何提升31—50岁这段主力人员的职业发展满意度？值得高校人事部门思考。

不同年龄者在"积极职业观念""积极职业态度"上存在显著差异。20岁以下者（主要是后勤工作者）较高（5分是满分）。21—50岁年龄段对职业发展的评价在3.6—3.8（介于"一般"和"较满意"之间）。41—50岁年龄段评分最低。60岁以上者数据陡然上升。

不同年龄者"离职倾向"存在显著差异。21—50岁年龄段对职业发展的评价在"不确定"和"离职倾向不太强烈"之间。31—40岁离职倾向最高。41—60岁年龄段逐渐降低，这个与常识相符合。

60岁以上样本数据显示，积极行为均值明显提高。是否与临近退休有关？41—50岁样本积极行为得分最低，是否与职业倦怠有关？

三、年龄与组织承诺

不同年龄样本组织承诺数据显示，整体上，机会承诺得分最低（2.85），情感承诺、规范承诺、理想承诺均介于"一般"（3）、"比较符合"（4）之间。情感承诺、规范承诺均为3.90。

组织承诺之情感承诺得分3.90，介于"一般"（3）、"比较符合"（4）之间。具体包括以下指标："从事现职业我感到很自豪。""干一行就应该爱一行。""我认为我应该为自己的职业做出相应的贡献。""对现在从事的工作充满了热情。"说明教工对组织的情感承诺较好，爱岗敬业，具有一定职业荣誉感。

组织承诺之理想承诺得分3.58，介于"一般"（3）、"比较符合"（4）之间。具体包括以下指标："现职业提供了机会让我做自己感兴趣的工作。""学校给我提供了发展的空间，能更好地实现自我价值。""目前的工作能使我的能力得到较大提高。"说明教工对组织的理想承诺较好，认为自己的职业具有一定发展空间，较好地实现自我，具有一定职业情感。

组织承诺中的机会承诺包括"受所学专业限制，难以找到更好的职业""我一旦离开现职业，估计很难找到别的工作"等问题，表示组织对教工生活的支持、组织的可依赖性、教工的社会交换态度。得分高表示对组织依赖性高，得分低表示依赖性低。样本对这两个问题的选择得分为2.85分，介于"一般"（3）与"小部分符合"（2）之间。说明由于专业和前期教育的关系，就业一定程度上的确"受专业限制"，这在一定程度上也说明了高校教工的专业忠诚度较高。

组织承诺之规范承诺得分3.90，介于"一般"（3）、"比较符合"（4）之间。具体包括"我觉得有责任继续从事现职业"等。说明教工具有较强的职业责任感和使命。51—60岁样本规范承诺得分最高，超过4分，说明样本在这个年龄段对组织的依赖性较高；60岁样本在机会承诺上呈现出直线下降，仅为1分，说明临近退休，样本对组织的依赖性急剧降低。不同年龄样本组织承诺差异分析见图4.82。

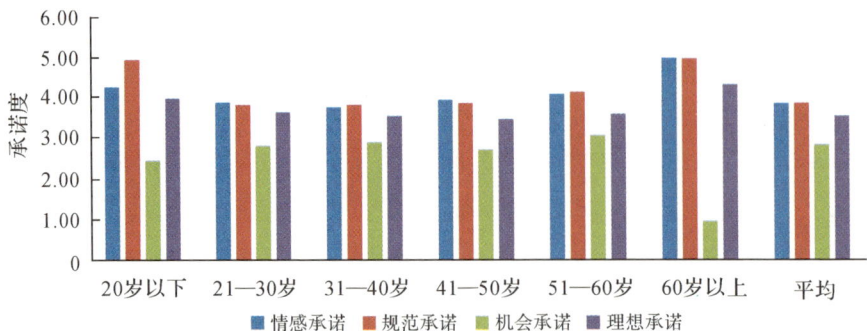

图4.82　不同年龄样本组织承诺差异分析

四、年龄与积极观念、态度、行为、生涯阶段特征

数据显示，不论样本的年龄处于哪个阶段，"积极观念"的数值一直很稳定，处于3.70—3.90之间。离职倾向在31—40岁出现最高点2.84，之后逐渐下降。说明31—40岁之间的高校教工的离职倾向较高，三十而立之后迎来高峰。一方面，自身业务水平、职称职务达到了一定高度；另一方面，

或许是基于薪酬的考虑，或是基于自我发展空间的考量，抑或是家庭分居期待团圆的现实需求，30 岁左右是离职倾向高发的年龄阶段。与"高"离职倾向对应的是"低"积极态度，31—40 岁的积极态度达到最低点 3.41。

年龄与生涯阶段特征 1"我正在寻找真正感兴趣的工作内容"关系分析。5 分表示完全符合，4 分表示大部分符合，3 分表示一般，2 分表示小部分符合，1 分表示根本不符合。

21—30 岁者此项得分约为 4 分，4 分表示大部分符合，即比较赞同"我正在寻找真正感兴趣的工作内容"。之后随着年龄的增长，得分逐渐降低。可见，从刚进职场到临近退休，教工"寻找感兴趣的工作内容"的倾向逐渐降低。入职前期，热衷于探索与寻找兴趣点，之后慢慢聚焦，感兴趣并擅长的职业领域变得集中而清晰。

这个特征在 21—30 岁样本中得分最高。说明在职场初期，大部分人都在探索与聚焦自身的兴趣领域。20 岁以下者一般在高校从事后勤保障等"外包"岗位，大多属于合同工，在高校内处于非核心岗位，可能对于自己的职业兴趣的探索意愿不是特别强烈。从 21 岁开始，数据显示样本对"寻找真正感兴趣的工作内容"的倾向逐渐降低。从"比较强烈"到"一般"再到"不强烈"。这正说明了随着年龄的增加，高校教工对自己"感兴趣的工作内容"表现为从初期（21—30 岁）的"探寻"，到后期（41—50 岁）的"清晰"，再到邻近退休前（60 岁以上）的"几乎是不再变化"。

年龄与生涯阶段特征 2"在我选定的职业领域开始起步"关系分析。5 分表示完全符合，4 分表示大部分符合，3 分表示一般，2 分表示小部分符合，1 分表示根本不符合。随着年龄的增长，得分逐渐降低。可见，从刚进职场到临近退休，教工"寻找感兴趣的工作内容"并在选定的领域开始起步。生涯特征 1 和 2，合并为"探索期特征"。

年龄与生涯阶段特征 3"我希望在目前的工作领域取得更快的发展和更大的进步"关系分析。5 分表示完全符合，4 分表示大部分符合，3 分表示一般，2 分表示小部分符合，1 分表示根本不符合。21—50 岁者此项得分约为 4 分，4 分表示大部分符合，即比较赞同"我希望在目前的工作领域取得更快的发展和进步"。随着年龄的增长，得分逐渐降低。41—60 岁，出现了一个断崖式下跌，也许说明 41—60 岁者处于"职业发展高原"。之前快速的业务能力增长到此时，已经积累到一定量，在业务能力和职位职级上已经到达个人发展中的"高原"，基本定型，很难再有"快速"的发展。60 岁之后，又迎来一个高峰。有趣的"临近退休"现象又出现了数据上的转折点。这可能和知识分子临近退休后愿意返聘，或者在自己积累了几十年的行业中再次"创业"有关。比如临近退休的某教工，接到某民办机构的邀请，出任副校长，或是担任某教育培训机构的"资深专家"。这些新鲜的岗位和丰厚的报酬，的确可以在一定程度上启动职业发展的"另一个春天"。

生涯阶段特征 5"维持目前的工作状况与工作业绩"关系分析。5 分表示完全符合，4 分表示大部分符合，3 分表示一般，2 分表示小部分符合，1 分表示根本不符合。21—60 岁者此项得分约为 4 分，4 分表示大部分符合，即比较赞同。说明大部分人想"维持目前的工作状况与工作业绩"。60 岁以上者，对此非常赞同，即他们的状态基本就是维稳，维持目前的工作状况与工作业绩。有趣的"临近退休"现象又出现了数据上的转折点。

生涯阶段特征 6"找到值得我去努力解决的新问题"关系分析。5 分表示完全符合，4 分表示大部分符合，3 分表示一般，2 分表示小部分符合，1 分表示根本不符合。21—30 岁样本对寻找新问题的积极性较高，高于 4 分。21—50 岁，逐渐降低。说明随着工作年限的增加，业务越来越熟悉。41—50 岁有一个低谷，也许是职业高原所致，职业发展遇到了瓶颈，寻找解决方案的积极性减弱。60 岁以上，这个数据又升高，说明在临近退休时，教工往往会考虑并安排退休后从事一些新的事务，或是发挥自身兴趣爱好，或是发挥专业特长在行业内取得新的成就，或是以专业资源换取货币化的社会认可。

生涯阶段特征 7"我会规划和安排好退休生活"关系分析。对退休生活的安排在 41—60 岁之前逐渐降低，41—60 岁之后逐渐上升。51—60 岁样本对退休生活的考虑逐渐增加。60 岁临近退休者这个特征几乎达到满分。

生涯阶段特征 8"我想开发出可以优化和简化我工作的新方法"关系分析。一般地，由于工作经验随着工作年限增加而增加，样本的工作在不断优化，所以 20—60 岁样本对优化工作方法的主观感受是先升后降。51—60

岁者，工作经验已经较为丰富，优化的空间不大。60 岁临近退休者，反而更倾向于考虑优化或简化，可能是更多考虑简化。

"假设 5. 教师不同发展阶段心理契约的重点维度不同"成立。

第五章　心理契约违背关键事件与心理契约违背自我调节

第一节　感知组织未履行责任而引发离职倾向的关键事件

在心理契约的研究中，有六种常见的方法：问卷调查法、情景分析法、关键事件技术、访谈法、日记研究、个案研究。本研究采用"关键事件技术"，即在半结构化问卷调查中设置开放题。目的是在定量调查的基础上收集"质"的信息——被试者离职倾向产生的关键事件。

问题：是否有印象最深刻的事情促使你产生离开单位的念头？

教工感知的组织未履行责任而引发教工心理契约变化，最终产生离职倾向的关键事件大致可以归纳为以下几类，见表5.1。

表 5.1　样本感知组织未履行责任而引发离职倾向的事件举例

关键事件类型	教工感知组织未履行责任而引发离职倾向的事件举例
物质激励	收入低，且单位不提供住宿，只能勉强维持生计
	实际工资与承诺不符
	收入与付出不成比例
	收入不稳定
	学校答应要改善待遇，却没有兑现
	待遇缺乏行业竞争力
	周围朋友收入一直增长，自己收入一直很低
人际支持	得不到领导的信任，感到委屈气愤
	业绩不被认同
	领导缺乏与下属的沟通，不关心教工的心理
	人际关系复杂
	团队内部有帮派

续表

关键事件类型	教工感知组织未履行责任而引发离职倾向的事件
人际支持	与领导意见冲突
	被同事背叛
职业安全	属于编外人员，被区别对待，感觉低人一等。最重要的是在经济危机下终日担心被遣散。为生计发愁，根本谈不上生活质量
	单位迟迟不签约，对转正、待遇等问题避而不谈
	单位发展缓慢，收入低。尤其在现阶段的经济危机的影响下，学校每况愈下
	单位非法
组织公正	受到不公正待遇。评职称不公平。
	没有编制，受歧视。待遇没有在编人员好，还不被重视
学习培训	不能学到更多自己想要的东西
	组织不支持个人深造
组织文化	组织文化与自己的价值观相冲突，领导以权谋私，使下属失去斗志
	组织对于教工的组织公民行为不肯定不鼓励，并视其为教工义务
	等级森严
	不尊重教工，只看业绩，不关心教工生活和心理
	缺乏对育龄女教工的关心
	缺乏归属感，不能参与组织决策
	对新进的外地籍贯的教工关心太少，不论是心理还是生活上。组织缺乏凝聚力和亲和力
组织管理	培训流于形式，大而空，没有涉及业务操作的培训。从入职培训的组织安排可以看出这家单位的管理水平之差，办事效率之低，很失望。感觉这不是我想要的工作单位
	"官"本位很严重
	学校内部发生较大人事变动，主管领导不明确，领导班子不稳定
	多头管理，不知道该对谁负责
	领导缺乏领导力和吸引力。求全苛责，难以忍受
	人际关系紧张，管理混乱

关键事件类型	教工感知组织未履行责任而引发离职倾向的事件
工作本身	工作与兴趣不吻合
	分工不合理，工作压力大
	工作分配混乱
	缺乏工作自主性
	工作分工不明确。工作繁杂琐碎，没有成就感。身心疲惫
工作环境	没有导师或指导伙伴，不熟悉业务，难以开展工作
	身边的教工工作涣散，得过且过，没有工作激情，学习机会不大。消磨斗志
	不能发挥才能
发展空间	发展空间不大。感到前途渺茫，看不到奋斗的目标和方向
	缺乏发展空间
	缺乏奋斗目标，学校不曾展示教工付出努力后可能拥有的职业高度
工作与生活的冲突	对工作本身满意。但是对工作地域不满意，希望去大城市工作、生活
	过于忙碌，影响生活质量。连陪（找）女（男）朋友的时间都没有
	工作太忙，没有休息时间
	节假日加班，工作超负荷，感觉很累

关键事件技术首先要求被试者回忆感知心理契约违背感而产生离职倾向的重要事件（印象最深刻的事件），然后询问他们一系列问题。据李原在《企业教工的心理契约——概念、理论及实证研究》一书中的介绍，在心理契约的领域中，只有一项研究使用了关键事件技术（Herriot Maning & Kidd, 1997）。本书在高校教工心理契约与离职倾向相关关系研究中首次尝试了关键事件技术。关键事件技术抓住了被试者最清晰最生动的经历，是一种有效的收集心理契约信息的方法。但是这一方法的主要限制在于记忆的局限性，有可能忽视了心理契约在平凡的、日常的工作生活中起到的作用，因为这种方法主要关注的是那些相当重要的特殊情况。

第二节　心理契约的自我调节情况

本研究采用半结构化问卷调查。问卷设置开放性问题：当你感知到组织没有兑现承诺时，你曾有过什么想法和行为？目的是在定量调查的基础上收集"质"的信息——教工在产生心理契约违背感时的自我调节方式与后果。

与正式契约不同，心理契约不是一成不变的稳定产物，其内容可能随时间和条件的变化而变化是其基本特征之一，本书考查心理契约改变和违背的过程以及影响因素。正常情境中，教工对于学校为他们提供的权益的认知与教工认为自己为学校提供的内容是平衡的，在此范围内可能有一些波动但能被双方接受，不需要修改心理契约中的内容（即平衡型）。当教工感觉到组织提供的内容超出了被认可的范畴（正向或负向），则会出现两种可能性：重新修订心理契约（修改型），形成内容与过去有所不同的新契约；终止已有心理契约（遗弃型）。

本次调查发现，心理契约违背感的影响似乎被夸大了。被调查的样本中，仅有 36.27% 的人明确表示感知到组织未履行承诺，从而在一定程度上产生了离职倾向。而且，通过对教工心理契约的自我调节情况调查，笔者有如下发现：

（1）当关系型契约被违背时，情绪反应扮演着重要的角色（失望和不信任感），同时更多关注契约中的交易型成分。关系型的契约往往转换成交易型契约。教工心理和行为一般有三个方面表现：产生离职意向；抱怨、怠工；对组织的忠诚度下降。但是也并非所有教工面对违背时都产生消极的反应和敌对的行为。

（2）当教工感知到心理契约违背感时，修改型的调节方式主要有以下几种：

调节方式Ⅰ：主动、明确地谈判（主动与直接领导面谈，直陈自己的感受，暗示或明示自己的需求，主动争取"教工—学校"双方面心理契约的新平衡）。

调节方式Ⅱ：降低自己对组织的责任兑现（即对自己投资的调整）。

调节方式Ⅲ：提高自己对组织的责任兑现（即对自己投资的调整）。当感知到心理契约的违背时，不抱怨组织，而是理解为教工自身在对组织的责任履行上存在不足，自我反省。

调节方式Ⅳ：通过降低自身对组织责任的期许来调和冲突。

心理契约违背感的自我调整方式若不能达到新的平衡，则离职行为发生。笔者构建心理契约自我调节示意图见图5.1。

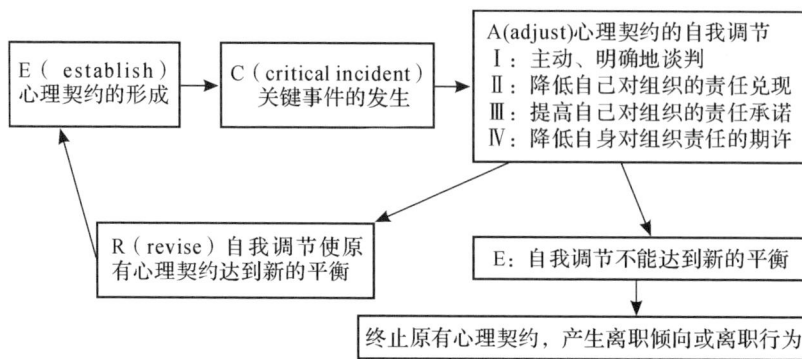

图 5.1　心理契约违背感调节示意图

图5.1是一个循环的过程，在教工的职业生涯中，"关键事件"不断出现，心理契约也随之不断被修正，当自我调节不能修正原有心理契约时，即产生离职倾向或离职行为。心理契约的自我调节源于组织行为学社会交换理论与公平理论。

心理契约的平衡感来自对 $\dfrac{\text{组织对员工的责任兑现}}{\text{组织对员工的责任承诺}} = \dfrac{\text{员工对组织的责任兑现}}{\text{员工对组织的责任承诺}}$ 的感知，关键事件的出现即教工感知到"组织对教工责任的兑现"下降，为了达到心理契约的新的平衡，教工采取四种自我调节方式。

调节方式Ⅰ：主动、明确地谈判。目的是提高"组织对教工责任的兑现"。

调节方式Ⅱ：降低自己对组织的责任兑现。目的是降低"教工对组织责任的兑现"。

调节方式Ⅲ：提高教工对组织的责任承诺。当感知到心理契约的违背时，不抱怨组织，而是自我暗示："我应该为组织付出更多，我做的还不够。"

即教工反省自身对组织的责任履行上存在不足。效果是"教工对组织的责任承诺"上升。

调节方式Ⅳ: 通过降低自身对组织责任的期许来调和冲突。目的是使"教工对组织的责任承诺"上升。

上述四种调节方法均是对等式两边的分子分母进行调节,目的是修正原有心理契约使之达到新的平衡。心理契约的公平理论见表 5.2。

表 5.2 心理契约的公平理论

比率比较		教工的感知
$\dfrac{\text{组织对员工的责任兑现}}{\text{组织对员工的责任承诺}}$	$<\dfrac{\text{员工对组织的责任兑现}}{\text{员工对组织的责任承诺}}$	感知心理契约违背感
$\dfrac{\text{组织对员工的责任兑现}}{\text{组织对员工的责任承诺}}$	$=\dfrac{\text{员工对组织的责任兑现}}{\text{员工对组织的责任承诺}}$	未感知心理契约违背感

(3)要求被试者回忆感知心理契约违背感而产生离职倾向的重要事件(印象最深刻的事件),然后询问他们一系列问题后有两个主要发现。

第一,当心理契约的失信或违背不可避免地要发生时,教工需要管理人员采取一些努力来"抚慰"教工,例如做出"充分的解释",和教工进行充分的沟通。在心理契约改变过程中,社会知识信息和角色知识信息起着重要的作用,"社会信息的获取"是重要的影响因素。因此,在这个时期,组织与员工进行充分沟通和交流,对于相互责任和建立相互关系十分关键。

第二,正在进行裁员或学校机构重组的组织中的教工和处于人事变动时期的教工在契约违背方面的体验更频繁、更加强烈,尤其在工作保障、报酬、职业发展机会几个方面。这再次证实契约违背的出现还存在着主观环境:即在动荡不定的外界环境中,教工对组织产生误解的可能性增加了,即使客观上没有出现心理契约的违背,教工也可能因为双方理解上的差异而认为组织有意违约(Lucero & Allen,1994;Morrison & Robinson,1997)。调查发现,教工心理契约的改变是建立在他们对所得到的和他们对组织贡献的感知基础之上的。随着经济的快速发展和外界环境的不断变化,学校部门、院系重组、合并等不确定性趋势使得组织很难履行所有的义务,这就很可能导致心理契约的破裂。

第六章　研究结论与对策建议

第一节　主要研究结论

一、生涯自我管理与生涯组织管理

（一）高校教工的职业生涯成功是内外动力共同作用的结果

从自身而言，职业规划、自我肯定与行动计划属于生涯自我管理，是内部动力。内部动力是生涯发展的核心动力。对组织而言，为教工提供人才培养体系、绩效测评、政策支持、晋升渠道、培训提升等属于生涯外部动力。外部动力有助于激发教工工作积极性，提升工作满意度与组织归属感。一定程度上讲，组织对员工的最大激励是生涯帮扶，提升其业务能力、自我效能、无边界职场的可雇佣性。

组织可以考虑为教工提供"显性的、隐性的、内部的、外部的"四个象限的多维度激励。内部激励包括内在职业发展，对自身的提升，如感觉、技术等。外部激励包括外在职业发展，外在的提升，如职称、职务、薪酬等。显性激励是可视化的，如技术提升。隐性激励是隐匿的，不可视化或不被公开的、不被周知的。激励可以是（但不仅限于）以下几个方面：工资、奖金、住房保障、弹性工作时间、子女入学帮扶、体检福利、相关保险、技能培训、就业竞争力的提升、社会声誉与地位的保障、休息时间的保障等。

表 6.1　多维度激励举例

	内部	外部
隐性	自我认可、闲暇、自由、职业满足感等	无边界，可雇佣性、被尊重、荣誉等
显性	专业技术能力提升等	薪酬、职称、职务提升等

（二）适当的竞争压力属于外部动力，有利于职业发展

对任务压力、竞争压力、职业危机感等职业本身带给教师心理效用的因素进行研究，发现教师任务压力、竞争压力有助于教师职业发展。教师竞争压力感主要来自教师职务晋升、自我实现、绩效考核的需要。与教师成就动机、个体期望相随的职业压力，形成教师职业发展的动力，竞争压力及教师感知的工作挑战性有助于教师的职业发展。

（三）公平公正的制度支持属于外部动力，有助于持续激励

导致教师对高校内部环境认知一般的原因有两个方面。第一，职务聘任中的"论资排辈""人际关系""岗位职责目标不明确""聘期考核流于形式"以及教师岗位绩效考核结果的效用水平低等制约因素，严重影响着教师对组织制度的整体认知水平。第二，竞争公平程度折射出高校的组织文化，而"条件因人而异""机会不均等"等竞争有失公平的心理认知，减少了教师为职业发展所做的努力，往往带来教师对组织的低认同度。津贴政策、未来教师职业认知、竞争公平、专业技术职务评聘等都对教师环境激励产生显著影响。这些因素通过教师心理感知，作用于职业发展与薪酬激励全过程，最终影响教师工作积极性的发挥。由于制度设计缺陷或运行条件变化，满足教师需要的激励性措施有可能变为影响教师工作积极性的制约因素。改善或解除这些制约因素的约束，才能带来高校教师的持续激励。

（四）教工职业发展满意度有待提升

整体样本职业满意度得分为3.62，说明教工对职业总体较满意，但仍有较大提升空间。也许他们对自身的职业发展有更高的抱负，毕竟高校聚集的大都是知识员工，对自身的职业体验和事业高度有一定的追求。在组织架构资源有限的情况下，应该多为教工开辟职业晋升的通道，如职称、职务、职级等。工资福利上也应设置可以逐级上升的通道，特别是可以通过自己主观能动性"有所为""有所得"的路径，真正不断激发教工的内在潜力，在成就自身的同时为高校贡献更多智慧与力量。

职业发展受哪些人口变量、职业变量影响？数据显示，职业发展与学历、职位、职称都显著相关。特别是与学历、职称高度相关。这与高校的实际情况高度吻合。高学历是进入高校职业发展的门槛；博士作为教师的

主要学历层次，是学校的一线员工，是学校发展最主要的资源。职称评定、资源配置也理所当然向教师倾斜。收入是与职业发展高度相关的另一个主要显性因素，某种程度上也是职业发展好坏的物化表现之一。

（五）职业满意度低的重要原因是"收入与工作量不匹配"和"缺少职位晋升的机会"

大体而言，教工认为自己的工作收入较少，工作量相对收入而言并不轻松，最不满意的是缺乏晋升的机会。晋升是任职资格与能力的一种体现，在每位教工的职业生涯中都是至关重要的，这是资源配置与个人成长的重要转折点。某种意义上，职称职级是员工的筛选与分流形式，是员工能否成为高校发展的"少数关键"群体的体现；是外部动力在资源（职称、职务、职级）分配上的体现。职业满意度得分较高的三项是"工作的稳定性"（4.14）、"能够做一些不违背良心的事情"（4.05）、"能够为其他人做些事情的机会"（4.00）。说明教工最满意的是高校工作的稳定性，其次是觉得从事教育工作是正直、不违背良心、可以助人的。得分较低的两项是"我的收入与我的工作量"（3.79）、"职位晋升的机会"（3.77）。

（六）基于职业发展的激励，是驱动员工主观能动性的最根本的、最可持续的激励

在组织义务的"成长发展"的维度上，高校教工的感知如下：最看重的是"提供成长性的工作机会"（4.47），其次是"支持教师职业生涯规划"（4.44）和"提供学习培训的机会"（4.44）。说明教工对个人成长相当看重。在工作中不断成长、学习培训、支持职业发展，都围绕着"职业发展"这个核心词汇。所以，某种意义上来讲，给教工看得见的、有盼头的职业发展渠道，是在成长上给教工的福利，这个福利是"长远的""深刻的""触摸到精神层面的"，基于职业发展的激励，是驱动教工主观能动性的最根本的、最可持续的激励。

在组织义务的"成长发展"的实施情况上，教工最不满意的指标依次是"建设良好的专业（教学、科研）互动平台""注重人才梯队建设""为科研提供政策制度支持"，得分分别为3.25、3.28、3.28。说明教工渴求在教学教研上可以向其他教工借鉴学习，尤其在专业多元化、复合化的今天，

单一的备课教学不利于年轻教师的快速成长，尤其是培养复合型人才的专业，更需要不同专业的教师切磋探讨，从各自专业擅长的角度为完善育人方案和教学计划出谋划策。此外，人才梯度建设也是高校人才建设的重要环节，老带新、传帮带，在一个高校的人才生态建设中至关重要。学校需要根据实际，合理设置老中青，教授、副教授、讲师的团队建设，以学科建设和科研团队的形式组建"名师工作室""科研中心"等形式多样的机构团体。

（七）高校教师中职业倦怠普遍存在

关于职业发展（满分5分，5分表示非常赞同，4分表示赞同，3分表示不确定，2分表示不赞同，1分表示很不赞同）的数据显示，"我常常感到疲倦，对工作没有什么热情"得分最高，为3.67分，可见高校教师中职业倦怠普遍存在。与此同时，"我感觉自己的职业能力得到了不断的锻炼与提升"得分2.21，表示相当一部分人认为自己的能力在工作中没有得到足够的提升。薪资待遇与职务提升也是矛盾的主要集中点，满意度分别为2.74与2.03，说明外部动力不足。此外，"我很难调和工作—家庭冲突，时间和精力不够"得分3.82，说明"工作—家庭"冲突也是影响高校教工职业发展的因素之一。说明大体而言，教工存在诸如"工作—家庭"矛盾、职业倦怠，对薪酬的激励效果不太满意。

已婚者职业满意度低于单身者。可能与单身者可以更加全身心投入工作，较少受到"工作—家庭"冲突有关。进一步验证单身者与已婚者的"工作—家庭"冲突数据。数据显示，并不是"工作—家庭"冲突导致的差异，差异主要来自职业成长和职业倦怠。

二、需求多样化、生涯发展差异化

（一）生育子女数量与"工作—家庭"冲突并不必然相关

数据分析显示，生育数量与"工作—家庭"冲突无显著相关。传统意义上，以为生育多的人忙，容易产生"工作—家庭"冲突，女性比男性更容易产生"工作—家庭"冲突，其实不然。这和每个家庭的育儿模式或家庭支持系统有关。家里老人提供帮助，保姆得力，家务和育儿的精神压力小，则工作—家庭冲突缓和。反之，即使只有一个孩子，或者没有孩子，教工的工作—家庭冲突仍然可能比二胎的家庭、二胎的女性强烈。所以。简单地认为二胎女性的重心在家庭，而不委以重任，是人才选拔培养的误区之一。反之，更为可能的一种情况是，生育多个子女的家庭，正是因为家庭支持系统完善，对工作的影响小，或者多子女的教工对自己的家庭理想和职业抱负更高，个人处理家庭工作的能力更强。所以，也许他们对工作的投入更多，职业抱负也更高。应该区分对待。

约一成的样本表示"工作—家庭"冲突明显存在（男性13.00%，女性9.4%），约三成的样本表示与自己的实际情况"大部分吻合"（男性25.70%，女性33.60%）。约三成的样本表示这种冲突"一般"，不太明显。约两成的样本表示几乎没有这种烦恼，即"小部分吻合"。仅仅7.20%的样本表示根本没有这类烦恼。说明相当一部分的样本认为"工作—家庭"冲突与自己的情况"完全相符"或"比较相符"。这提示高校组织需要对此给予重视，传统观念中，女性应该较容易被"工作—家庭"冲突困扰，实际数据显示，在这个困扰中，男女相当。男性与女性作为家庭的共同经营者，面对的冲突与困扰不相上下。也许在孕育子女的初期，特别是育儿前三年，女性作为主要付出者牺牲了休息和工作时间，不可避免地也减损了职业发展的优势。但是在后期，男女都是家庭事务的承担者，育儿责任的背负者。某种程度上，"出差""加班""熬夜搞科研"等责任往往落在男性教工的身上，一定程度上与他们的家庭责任相冲突。

（二）对非编教工应该从情感支持、工作肯定等方面给予激励

编制意味着职业安全感。"在编"对于在高校工作的教工而言，是非常重要的身份标识。在编，意味着职业安全性更高、工作内容较为重要，工作报酬较高。编外人员的工作内容更具有可替代性，一般是后勤保障性质的居多，相对地，工作稳定性较差，工作收入较低，正因为如此，工作流动性也更大。编外人员的安全感除了编制还与领导支持、同事情感、福利待遇、工作肯定有关。在不能给予编制的情况下，管理者应该从情感支持、工作肯定等方面给予心理契约上的弥补与激励。

（三）男性的职业发展自我评价和职业满意度均略高于女性

男性的积极职业观念、职业态度、职业行为均略高于女性，与此同时，

男性的离职倾向也略高于女性。总体而言，男性在职业发展和满意度上均高于女性，具有显著性差异（$p<0.001$）。男性职业发展的均值为 3.05，女性为 2.92；男性职业满意度为 3.73，女性为 3.53。可见，男性对职业的自我感受优于女性，觉得自己发展得更好，也更满意自己的职业现状。女性的职业满意度均值为 3.53，比男性的 3.73 低 0.2，满意度有显著差异（$p=0.017$）。在职业发展水平上，女性发展均值为 2.91，男性为 3.05。女性对职业发展的自我评价整体上低于男性。

女性职业发展满意度较男性低。女性的收入满意度均值为 1.82，比男性的 2.54 低 0.72，满意度有显著差异（$p<0.05$）。整体而言，教工对收入都不太满意（5 分表示非常满意，4 分表示比较满意，3 分表示一般，2 分表示比较不满意，1 分表示很不满意）。不同性别对组织义务履行情况的感知有差异。尽管男性与女性教工对自己获得的"成长发展机会"都不太满意，但是女性对此满意度更低。总体而言，教工对"资源支持"指标满意度最高，其次是"沟通参与"，评价最低的是"成长发展"。也就是说，相当一部分教工对自身的成长发展不太满意，或者大部分人都觉得自己有能力可以有更大的成长，担任更高的职务。男性在职业发展和满意度上均高于女性，具有显著性差异（$p<0.001$）。男性职业发展均值为 3.05，女性为 2.92；男性职业满意度为 3.73，女性为 3.53。可见，男性对职业的自我感受优于女性，觉得自己发展得更好，也更满意自己的职业现状。

（四）在正高职称上，男女比例悬殊

数据显示，男女在职称、岗位、职位上有显著差异。正高职称男女比例悬殊，男性明显高于女性。初级（男性 6.5%，女性 15.8%）、中级（男性 50.00%，女性 50.00%）、副高（男性 20.1%，女性 17.1%）、正高（男性 17.2%，女性 1.6%）、未定级（男性 15.5%，女性 6.2%）。其中，未定级主要是指在"职员制"晋升体系下，非领导职务的管理岗的行政管理人员不参与职称评定，也就是行政管理人员中的"兵"（行政管理中层以下的员工，含科级干部、主管及以下）。他们没有"评职称"的资格，在职务晋升上也几乎已经"触顶"。竞聘进入"中层"几乎是他们唯一的出路，否则只能被动等年限，用"工龄"去换取更高的岗级。

（五）已婚教师对工作的付出多于单身者

数据显示，已婚教工在个人义务各维度上履行情况均略优于单身者。已婚教工在"敬业守规"（已婚4.57，单身4.37）、"关心学生"（已婚4.48，单身4.17）、"业务投入"（已婚4.09，单身4.00）、"认同支持"（已婚4.31，单身4.17）各维度上履行情况均略优于单身者。这与我们原本想象的已婚者因为照顾家庭而会减少工作中的投入不吻合。或许单身者的业余精力在主业之外，如发展副业、休闲娱乐等。或者由于代际差异，年长者更倾向于模糊工作和生活的边界，对加班、非工作时间从事与学校有关的事情更加习以为常。而年轻一代，如"90后"，更清晰地划分了工作与生活的边界。两者在"关心学生""业务投入"上有显著差异。对已婚者而言，对组织的物质生存保障（主要是薪资和住房）满意度不高。随着年龄的增长，工龄的增加，教工的收入对比同龄人增加得较慢。一方面是增长较慢的收入，另一方面是养家育儿、赡养老人的支出。中年压力使得教工对工资待遇的满意度不及新进的未婚年轻教工。得分最低的，也就是教工最不满意的是"成长发展"，在3分之下，表示整体而言"不太满意"。这在单身和已婚者的"职业发展"满意度测试中，再次得到验证。整体而言，教工的"职业满意度"在3分之上，倾向于比较满意，但是"职业发展"上得分在3分之下，接近于"不太满意"。也就是说，这份工作整体比较满意，但是在"发展"上看不到太大的空间和后劲。这种发展是多维度的，既有薪资待遇上比起外行业的同龄人"缺乏竞争力"，也包含自己在本单位中的"职称""职务""职级"晋升疲软。

（六）相当一部分女性处于职场弱势

高校教师队伍中男教师占有优势。高校女性教师发展仍然常常遭遇瓶颈，面临困境。表现为：第一，学术职业性别隔离。女性应聘高校教师仍存在不利的情况，职务层次低，晋升速度慢，女教师在评估中处于弱势，评定职称中对学历的硬性规定使相当一部分女性受到学历问题的困扰，在平等参与高校事务管理方面还存在很多障碍。第二，事业家庭双重负担限制了女教师人力资本价值的实现。目前在高校科研领域的女性除承担家庭责任外，还同时在努力追求自己的事业，并有所成就。但操持家务和抚养子女总会对女性的职业生涯产生或大或小的影响。社会性成就与家庭生活就变成了"鱼和熊掌"的矛盾，一个使女性的社会价值和女性家庭价值不能重合的矛盾。第三，女教师职业倦怠感强烈。处在职业倦怠中的女性教师首先感受到的是身体方面的不适应症状，其次是情绪唤醒水平低，职业热情和兴趣减弱或丧失，最终使得职业效能感下降，职业价值观动摇。第四，高校普遍在退休方面存在对女教师的歧视。55岁退休的规定使女性教师比男教师提前5年退休，从而使她们失去了5年的职业竞争有效期，限制了她们职业生涯的充分发展。

影响高校女性教师职业生涯发展的因素有以下几个方面：一是传统文化影响下显性与隐性的性别歧视。传统文化中"男强女弱"，女人首先是"贤妻良母"等传统态度与观念仍然根深蒂固，成为阻碍女性发展的文化壁垒，隐含于文化传播中的性别歧视，不仅歪曲了女性价值，而且误导女性的发展方向。特别是性别角色定位将男女两性生理因素造成的差异绝对化，并将其扩大到能力、个性等所有领域，是以男性为主体的社会对女性群体行为模式进行的简单归类定型。二是固有家庭两性分工模式的制约。高校女性教师在单位是学者、教师、管理者；回到家中，她们还是妻子、母亲、女儿，作为家庭主妇需要料理家务。这种固有的传统家庭分工模式，使得高校女性教师的业余学习和进修提高的时间被占用，影响了她们职业生涯的发展。

三、心理契约与激励机制

（一）积极性来自需求被满足

需要是积极性的源泉。需要的满足程度通过教师心理感知反映在教师工作积极性的发挥上，满足程度越高，教师积极性越高。研究表明，职业发展给予教师激励的效用最大，教师职业发展及其隐含着的成就动机与职业本身带给教师的心理效用在教师自励过程中发挥着越来越重要的作用：薪酬满意与否直接影响着教师工作积极与否，改善待遇特别是提高分配的公平性，提升收入分配公平感，会带给教师更大的激励；组织制度人本化、竞争公平的中国高校教师激励机制实证研究内部环境减少教师职业发展成本，职业发展、经济因素的激励效应会因环境氛围和谐与组织管理的人本化而得到极大地发挥。

（二）福利分房或人才房是重要的福利需求之一

生存保障维度下，样本认为最重要的组织义务是"提供有竞争力的薪资"（4.44），"提供完善的福利"（4.44）。教工认为组织执行不佳的义务是"提供住房保障"（2.96）。可见，高房价和低收入已经形成鲜明的矛盾，特别是在沿海发达城市，高校教工的住房压力较为突出，福利分房或人才房成为一个重要的福利需求。这对高校引进人才是一个参考建议。高校教师对组织责任的感知中，生存保障维度内最满意的指标是"保障长期稳定的工作"，最不满意的是"提供住房保障"。不论是公积金还是住房补贴，对于发达城市的高校教师而言，买房压力还是压在头顶的大山，收入对于房价而言，杯水车薪。不少男性教师入职后无奈离职，很大一个原因是没有能力购房，自古"安居乐业"是符合马斯洛需求层次的实践证明，生活稳定才能更好地开展工作，追求事业。

（三）"成长性工作机会""学习培训机会""支持职业生涯规划"是重要的组织义务

在组织义务的"资源支持"的维度上，高校教工的感知如下：最看重的是"尊重教师在教学中的自主权"（4.48），说明教工作为知识员工，对教学的自由和自主比较看重。在组织义务的实施情况上，教工最不满意的指标是："配备充分的科研资源"得分仅为3.52。这说明，教师在科研上有自己较高的追求，但是现有的资源较为有限。此外，科研是教师职称职务的重要砝码，职称是高校对教师的衡量标准之一，也是对教师尊重的外显。因此，教师对自身科研能力的提升与对科研资源的渴求就变得显而易见。教工认为，最重要的组织义务是："提供成长性工作机会"（4.47）；"提供学习培训机会"（4.44）；"支持教师职业生涯规划"（4.44）。教工认为，组织执行较好的义务是"提供学习培训机会"（3.64）。可见，教工最看重的关键词是"学习""成长""职业规划"，这也从一个侧面呈现了教工对外部动力的具体渴求。

（四）"制度支持"是教工公平感、职业安全感的来源

制度支持维度下，样本认为最重要的组织义务是："制定合理的规章

制度"（4.56），"提高行政管理水平"（4.53），"建立教师工作绩效的反馈机制"（4.49）。教工认为组织执行不佳的义务是"制定公平、公正的考核晋升机制"（3.46），"合理安排工作任务"（3.44）。可见教工对组织运作的规章制度较为看重，因为这个规则是学校机器正常运转的保障，也是教工公平感、职业安全感的来源。此外，较为不满的是考核晋升和工作任务安排。这些都是外部动力需要改进的环节。

（五）教工对集体活动的参与度有待提高

个人认为履行不佳的指标是"关心参与学校发展"，为什么教工对学校的发展关心不够？忙于日常事务，没有时间去关心？觉得学校发展与自身关系不大，没有兴趣，不关心？还是曾经关心过，然而建议没有得到合理的采纳或回应？个人义务落实得比较不理想的三项分别是"加强学术研究能力，完善知识结构"（3.96），"关心学校发展，参与学校决策"（4.10），"参加学术交流活动"（4.18）。由此可见，大部分教工对集体活动的参与度有待提高，某种程度上说明教工或是忙于日常核心事务（教学、科研等），因而无暇顾及集体活动等"非核心事务"，又或者在他们心目中，"关心学校发展，参与学校决策"是属于小部分领导干部的事儿，与自己关系不大，又或许是普通教工觉得自己人微言轻，即使建言献策也未必会被采纳，又或许他们觉得参与学校决策对"评职称"这件和自己利益最密切相关的核心事件关联不大。

四、职业发展存在建构、破解、重构的现象

（一）不同职业发展阶段特征值得引起关注

探索期特征主要从两个指标考察："我正在寻找真正感兴趣的工作内容""在我选定的职业领域开始起步"。立业期特征从"我希望在目前的工作领域取得更快的发展和进步""逐渐适应现有的这份工作"两方面考察。维持期特征主要从"维持目前的工作状况与工作业绩""找到值得我去努力解决的新问题"考察。退出期特征主要表现为"我会规划和安排好退休生活"。"我想开发出可以优化和简化我工作的新方法"。随着工龄的增加，立业期特征逐渐减弱，但是并非直线下降。10—20年工龄、30年以上工龄的样本又出现了"抬头"现象。说明在不同职业发展阶段，职业发展存在建构、破解、重构的现象。不是所有人的事业重心都是刚进职场时候确立的研究领域。随着工作经验的增加，对自己的认知、对职业世界的理解日益深入，结合轮岗（高校每3—4年会开展大规模的全员聘任），岗位性质改变（如一线教师转行政管理），或者职称职务的变化（如教师竞聘院长），事业的重心也会随之改变。每次变动不亚于新的创业，工作内容和对象随之改变，因此需要重构职业胜任力与工作内容。立业期特征第二次抬头出现在30年工龄之后，这个年纪接近退休，为什么还有立业期特征？高校教工的知识分子属性决定其知识经验并不随着退休而减损，反而出现"越老越吃香"的专家型特质。因此，不少教工在退休后再次创业，发挥光与热。甚至有足够的时间精力开展退休前由于在职身份受限不能充分开展的职业领域，追求职业第二个高峰。这可能说明了职业周期在整个职业生涯中不仅仅出现一次，可能是多次。随着岗位变动等原因，教工重复出现探索期、立业期、维持期、退出期的特征。

（二）部分"疲惫"的中级职称教工处于职业瓶颈

整体数据显示，正高样本对"个人义务"重要性的自我感知最高，中级职称者最低。为什么不是"未定级者"或"初级职称者"？这也许与样本的年龄有关。未定级者与初级职称者往往是刚入职者，或是职业处于头五年的"新人"，且属于职业上升期，对自己的职业发展抱着满腔热情，因此对自己的责任看得比较重。中级职称者一般是工作十来年或更久者，也许在"青椒"群中属于资深者。资深是把"双刃剑"，一方面说明工作年数久，职业经验丰富，另一方面也说明在职称评定的主战场可能已经"屡败屡战"。有的资深"青椒"屡败屡战，考虑到自己虽然不年轻，但是仍属于年富力强的壮年，也要冲击高职称，所以即使有些疲软，仍不想过早被动"等"退休。还有一部分"青椒"屡战屡败，屡败屡战，一而再，再而三，已经相当筋疲力尽，身心交瘁。也许是实力不济，也许是运气不佳，在职称评定的主战场上已经处于瓶颈。基于社会交换理论，他们自认为组织没有给予其充分肯定，其对自己的责任和义务也在无形中重新评定了。与此相对，高级职称（含副高、正高）者对自身义务的自我要求也比较高。

对比个人义务履行情况，高级职称者仍然认为自己履行责任较好，从高到低依次是"敬业守规""关心学生""认同支持""业务投入"。值得注意的是在"业务投入"上，副高 4.22 分高于正高的 4.10 分，这与大众的理解相符，正高在职称上已经"触顶"，副高还有"奔头"。

（三）职业阶段特征与工作年数并不显著相关

对生涯阶段的理解不应该仅仅以工作年数作为区分，更应该结合职业特征。有的人工作三五个月已经出现职业倦态，有的人工作二三十年仍然虚怀若谷，不断学习，不断探索。有的人从一入职就遇到职业瓶颈期，然后离职，他都没有经历过"职业发展和上升期"。根据本研究，对教师的职业划分大致可以分为生涯探索期、立业期、生涯维持期、生涯退出期四个阶段，这与样本工作年数没有显著相关性，更关注的是其工作状态。"在我选定的职业领域开始起步"得分最低，为 3.24；"我想开发出可以优化和简化我工作的新方法"得分最高，为 4.04。说明生涯探索期的比例不高，也从侧面反映大部分样本已经较好地适应了目前的工作。优化简化工作流程可以理解为提升工作效率，说明很多人在熟悉业务后倾向于设计优化目前的工作流程，这也许是机构精简、提能增效的一个表现。

（四）建议重视"中级职场危机"

不同职称样本对组织义务重要性的感知数据显示，整体而言，正高、未定级、副高、初级、中级，对组织义务重要性的感知逐渐降低。这基本符合社会交换理论。由于组织赋能（职称评定某种意义上属于组织赋能），正高对组织的期待较高，对自己义务的感知也较高，个人与组织属于"高付出""高获得"的积极互动状态。中级是高校中比较尴尬的职称，一方面已经获得了一部分组织认可与组织赋能；另一方面，对于长期冲击副高无果的中级教工而言，职业瓶颈日益明显，甚至引发职业倦怠、工作满意度下降等不良后果。他们倾向于"失望""懈怠""减少付出"，个体与组织的关系属于"低付出""低获得"的消极状态。基于社会交换理论和心理契约，个体与组织之间渐渐趋于一种"收支"的平衡，继而产生剪刀差。积极工作的人，因为工作付出多，个人义务履行度高，组织倾向于给予其更多资源与肯定，个体被激励后更加积极保持"高付出"。同时，也存在一部分人，即使积极工作、无私付出，个人义务履行度高，但是由于某些原因，较少被组织赋能（比如评职称、领导岗位聘任中失利，或是多次失利），导致不公平感增加，心理契约破裂，继而引发个人或积极（奋发、建言）或消极行为（懈怠、失望）。

这种心理契约破裂后的应对措施往往是动态的，比如：组织不认可我，我奋发，付出更多，然后仍然不被组织认可，随之建言，希望得到组织赋能，假如成功得到组织赋能，心理契约破裂则被修复。个人与组织处于"高付出、高获得"的"良性状态"。反之，个人多次努力之后假如仍然不能被组织认可，则会将长久以来积郁的负面情绪固化为对组织的"失望"，继而产生职业行为中的"懈怠"，这将严重影响人力资源的充分利用，对高校发展和教工个人职业发展都是不利的。

五、心理契约违背及其应对模式

（一）应对模式影响因素分析

在心理契约违背应对方式上，高校教工的调研数据显示：当心理契约发生违背时，四种应对模式从高到低的得分依次是："降低自身对组织责任的期许，失望"（3.14），"提高自己对组织的责任承诺，奋发"（2.90），"主动、明确地谈判，建言"（2.87），"降低自己对组织的责任兑现，懈怠"（2.62）。

高校教工心理契约违背应对模式主要分为两类：积极的"建言"或"奋发"，消极的"懈怠"或"失望"。心理契约违背感产生时，不同员工的应对方式不同。假如上司工作能力强，员工在岗位上能充分发挥才能，对组织执行政策较满意，对工资较满意，则在产生心理契约违背时往往不容易发生"懈怠"，反而倾向于"更加奋发有为"。

消极行为与组织义务的四个维度"生存保障履行""制度支持履行""资源支持履行""沟通参与履行""成长发展履行"都呈显著负相关。建言行为与"生存保障履行"呈显著负相关，说明心理契约违背感产生后主动找组织沟通者主要是对组织义务的"生存保障"履行不满意，比如工资待遇、分房福利等看得见、摸得着的货币类福利问题。懈怠、失望则与组织义务、行动各方面均有显著相关性，也就是说，组织各方面义务履行不佳均会导致员工的失望与懈怠。奋发的行为与"组织的制度支持"呈显著正相关，也就是说，组织的制度设计得越完善，越能激励人，当员工发生心理契约违背感时往往愿意从自身找原因，基于对制度的信任，员工对组织持久地抱有期待。"制度就是游戏规则，透明，公正，大家都可以从中得到安全感，知道如何在职业中努力。"可见，制度设计对于组织和员工均具有极重要的意义，它让组织更富有凝聚力，即使员工有心理违背感，仍然能让员工奋发努力。

（二）积极的应对模式：建言、奋发

积极模式中的两种状态"建言"或"奋发"是"提高自己对组织的责任承诺"，也就是不但不失望，反而更加奋发，觉得肯定是自己做得不够好，是组织在考验自己，因此在工作中更加尽心尽力。这种情况往往出现在心理契约初次破裂时。

教工"建言"的内容往往是关于"生存保障"的薪酬设计或是福利分配等物化的内容。"制度支持"较好的组织，其员工往往对组织抱有持久的期待，继而愿意付出更多能力以获得领导的认可，期待有晋升的机会。沟通不畅往往导致"懈怠"。失望的原因常常是：生存保障或制度支持不力。

奋发是指自我反思，寻找自身不足，希望以更努力奋发的姿态赢取组织的信赖和欣赏。这里的组织常常是直接领导或有决定权的上级。在组织与个人的心理契约中，组织的意志常常体现为领导的意志。"奋发"这种应对措施常见于初次发生心理契约违背时。个人与组织的权利义务失衡初期，教工倾向于自我反思，找自身不足，吸取经验，以求更好表现，以换得组织的欣赏。

（三）消极的应对模式：懈怠、失望

消极模式中的两种状态是"懈怠""失望""降低自己对组织的责任兑现"，就是在工作中表现得比较懈怠，这种懈怠可能来自长久的失望与交流无果。相关性研究显示，"懈怠""失望"显著正相关（$r=0.514$，$p<0.001$）。消极模式的产生与个人责任的履行指标"认同支持"呈显著负相关。缺乏认同支持是产生懈怠的主要原因，懈怠的状态若没有得到合理改善，往往导致

员工对组织的失望。这说明认同支持在员工管理中的重要性。认同支持其实可以从两方面来看待，一是物质上的激励，另一种是精神上的鼓励与沟通。很多时候，心理契约就是一种感觉，一种情感。"让员工感受到被支持被理解"甚至比"实际支持他"更让他感动。这在启示人事管理者在员工管理的过程中应该积极反馈组织在为教工争取福利与帮助其职业发展的具体事件上做了哪些努力。

一部分屡战屡败的教工，在职业发展中屡屡受挫，最终失去奋斗的决心，即在心理契约违背之后表现为"失望"。这种失望无奈也许来自自我懈怠，也许来自对组织的无奈，或是组织的考核晋升模式不科学不合理，也许在职业发展中遇到"人为阻碍"。这种失望并不一定单纯意味着教工的"偷懒"或"不上进"。在对此类教工的案例分析中，与之倾心交谈往往可以深度剖析组织在人事管理上隐匿的不足与缺陷。值得高校人事管理者给予重视。导致"失望"的结果，可能与以下情况呈显著负相关："保持忙碌""团队中的重要角色""对上司满意""对单位执行政策的方式较满意""能发挥才能""对收入满意""对晋升机会满意""工作具有自主性""对薪酬满意""与同事关系融洽"。也就是说工作中缺乏自主性，对上司能力不满意，对薪酬不满意，对晋升机会不满意，同事关系不融洽，缺乏激励机制，工作中缺乏成就感，都会导致心理契约违背感的产生，继而引发"失望"这个结果。

可见发生心理契约违背时，最容易产生的反应是"失望"，这是人之常情，因为心理上的"失望"，对应的组织公民行为也随之发生变化，即"降低自身对组织责任的期许"，对组织不再寄托很高的期待。第二高得分的反应是"提高自己对组织的责任承诺"，也就是不但不失望，反而更加奋发，觉得肯定是自己做得不够好，是组织在考验自己，因此在工作中更加尽心尽力。这种情况往往出现在心理契约初次破裂时。得分第三的情况是"主动、明确地谈判"也就是建言，说明对组织仍然抱有信任和期待，认为彼此交心的交流，可以一定程度消除误会，增进了解，继而为之后的上下级关系营造更为健康良好的互相信任和坦诚的基调。这种组织公民行为的产生说明教工还是对组织信任和有所期待的。

概率最低的情况是"懈怠"："降低自己对组织的责任兑现"，就是在工作中表现得比较懈怠，这种懈怠可能来自长久的失望与交流无果。这种懈怠一般来自两种途径：一是某个心理契约的违背使得教工产生了极其强烈的负面感受，可能是愤怒、委屈，也可能是轻视。这种负面情绪强烈到教工已经失去与组织交流以重构和谐良好的心理契约关系的动力。另一种情况可能是教工在发生多次心理契约违背，多次更加"奋发"，多次"主动建言"仍未果的情况下。可以说，这种懈怠是一种无奈，是一种无言的反抗，是情绪上的"混日子"和行动上的"做一天和尚撞一天钟"，可想而知，这种心理下的教工，"积怨成恨"，其工作积极性与工作绩效何其低下，也不排除其在一定条件下做出有损组织利益的行为的可能。

消极的心理契约违背应对方式自然地带来了业务投入的降低。数据显示，"懈怠"与"业务投入"履行呈显著负相关，$r=-0.165$；"失望"与"业务投入"履行呈显著负相关，$r=-0.153$。说明心理契约违背产生时，教工往往只会在业务投入上减少投入，而在"敬业守规"和"关心学生"方面并不会产生很大影响。说明心理契约违背的负面情绪主要集中在对组织的失望和不再抱有期待，继而降低业务努力的程度。但是对学生的关心和基本遵纪守法仍是其职业情感底线和职业行为底线。

（四）在心理的契约违背发生时，女性应对策略更为积极

女性比男性更倾向于主动、明确地谈判（主动与直接领导面谈，直陈自己的感受，暗示或明示自己的需求，主动争取"员工—组织"双方面心理契约的新平衡）。28.9%的女性选择了"比较有可能"或"很有可能"采取此对策。而男性累计只有17.8%的人倾向于采取此对策。男性比女性更倾向于通过降低自身对组织责任的期许来调和冲突。当遇到心理契约违背时，采取"降低自己对组织的责任兑现"这个应对措施上，男女没有显著差异。约四成的人表示"不太可能"或"不可能"。约两成的人表示"可能"或"很可能"。三成左右的人不置可否。女性比男性更倾向于"当感知到心理契约的违背时，不抱怨组织，而是理解为员工自身在对组织的责任履行上存在不足，自我反省"。31.8%的女性选择了"比较有可能"或"很有可能"采取此对策。而男性累计只有23.3%的人倾向于采取此对策。男性比女性

更倾向于通过降低自身对组织责任的期许来调和冲突。仅有18.2%的女性选择了"比较有可能"或"很有可能"采取此对策。而男性累计有34.9%的人倾向于采取此对策。

（五）遇到挫折或不平的事件，奋发、失望是常见反应

因为中国人看重关系，看重集体利益，"吃苦耐劳，吃亏是福"的意识比较深厚，一些"小亏"并不能马上让教工心灰意冷，教工还是倾向于从自身找不足，期望更努力地工作，被领导赏识，被组织重用。因此"奋发"得分较高。这也许与中国人职场发展重"长期关系"和"隐忍"的文化传统有一定关系。遇到自己认为"吃亏"的事件，或是自我安慰，暗示自己要"忍耐"，"吃亏是福"，或是勉励自己再接再厉，"是金子总会发光的""路遥知马力，日久见人心"。也许这样的自我暗示之后，组织与个人的心理契约违背感有所缓和改善，也许反而更加走向坏的一面，形成根深蒂固的"失望"与无奈情绪。也不排除，这种负面情况在一定情景下，诱发教工负面的组织公民行为，比如消极怠工、传播不利于组织的言论等。"屡败屡战"是激励人心的话语，但是在现实职场中，并不是所有的人都有如此的耐心与毅力。长期加倍努力并不一定换来晋升加薪，也许反而被当作"老好人""老黄牛"，活多钱少，多做多错，长久的心理失衡难免生积怨，心生落寞，虽心有不甘，然无力改变，失望无奈难免产生。

六、离职倾向

（一）总体而言，教工的离职倾向不强烈

离职态度指标都低于3分。说明总体而言，教工的离职意向不强烈。"我想调离现在的学校，去别的单位工作"这一指标下，4.2%的教工有强烈的离职倾向。16.2%的教工有比较强烈的离职倾向。这两种情况累计占总体的两成左右，这个比例也值得人事管理者深思。"我在积极寻求新的工作机会"这一指标下，7.9%的教工选择了"完全符合"。那么到底是哪些教工具有强烈的离职倾向？拔尖人才？学科带头人？当问到"目前的工作是否与你的职业理想有关"时，大部分人认为是"一般"或"小部分相关"。女性倾向于认为目前的工作与自己的职业理想比较相关，而男性对此的评价低

于女性，男性只有不到一成的人认为目前的职业与自己的理想比较相关，20.4% 的男性认为一般，46.2% 的男性认为目前的工作与自己的职业理想不太相关，26.3% 的男性甚至认为是"根本不符合"。这也许在一定程度上印证了为什么男性样本的离职率要高于女性样本。

（二）31—40 岁教工离职倾向最高

不同年龄者在"离职倾向"上存在显著差异。21—50 岁年龄段对职业发展的评价在"不确定"和"离职倾向不太强烈"之间。31—40 岁离职倾向最高。41—60 岁年龄段逐渐降低。这个与常识相符合。临近退休，积极行为均值明显提高。41—50 岁样本积极行为得分最低，也许与职业倦怠有关。规范承诺表现出"U"字形，20 岁以下和 60 岁以上表现出规范承诺高峰。21—30 岁样本均值则是规范承诺最低值。

第二节　对策建议

一、构建心理契约激励机制的几个原则

（一）公平公正的原则

亚当斯公平理论认为，人们在比较自己的贡献与所得到的报酬时，也会喜欢将自己跟一个条件相仿的人相比，如果比值相等，就会感觉到公平，如果比值不对等，双方可能会产生不公平感。因而，在制订员工激励方案时，除了客观分析现状外，同时一定要秉承公平公正的原则。尤其在人员的薪酬标准、选拔、考核和聘用等方面，需要严格遵照教育部、教育厅、学校的文件执行，从程序和结果上尽量做到公平公正。公平公正原则在高校教工的激励机制中显得十分重要。

在实施制度激励的过程中，应该遵循一些原则。如竞争公平、分配合理、程序民主、决策科学等。让广大教工对学校的支持体系、政策体系有足够的信心和安全感。影响教师职业投入与职业发展的因素分为两类：行业认可、社会地位、职业成就感、人际关系等影响教师的职业心理效用；收入水平、

竞争压力、津贴、专业技术职务评聘等，通过影响教师投入成本与职业收益，达成教师激励或约束。薪酬收入（经济性报酬与非经济性报酬）满意、生涯发展满意，是持续激励教工的保障。

（二）自我激励原则

内因在事物发展过程中起决定因素，内因决定外因，外因需要依赖内因才能发挥其作用。因此，在制订激励方案时，要注重促进员工进行自我激励。通过榜样感染、楷模引领促进教工提升自身素质和觉悟，使其进一步充分认识到工作中的责任感和自我实现，从而获得满足感，在这种自我激励的过程中提高其工作积极性和效率。

（三）发展的原则

高校教工存在个体差异性，对其所运用的激励机制就必须要根据不同人在年龄、受教育程度、管理角色及学科等方面存在差异制订具体的激励方案。而在具体的管理过程中，由于时间、环境是不断改变的，所以，在编制激励方案时，也不能一成不变地采用固定的方法，而是要根据实际情况，具体问题具体分析，适时地对激励方案进行调整。

（四）正激励和负激励相结合的原则

正激励是指对表现好的员工给予表扬、升职等正面积极的激励方式，负激励是指对表现不好的员工给予适当的惩罚、批评等激励方式。管理者在日常管理过程中，要注重对其进行正激励，同时，也要进行适当的负激励，正激励与负激励要相互结合、相互促进，不能片面地只采用一种激励方式。如果只是使用正激励，对那些表现不好的员工，没有惩罚和刺激的方法，会导致员工出现"反正做不好也不会有处罚，所以做不好也无所谓"的想法，这就会导致表现好的人一直都好，表现差的人就一直都差，甚至更差，员工之间的差距只会越来越大，无法保证工作效率及工作质量的提高。另一方面，如果只是片面地使用负激励，则会使员工长期处于压抑的工作氛围中，人人只为自保，只保证自己正常的工作不出错，对其他人员的事情概不关心，也不会进行创新性的工作，无法保证整个团队的工作处于积极向上的工作状态。因此，必须要将两者对立统一，双管齐下，正向激励和负向激励相结合。

（五）物质激励与精神激励相结合的原则

物质激励是指用薪酬、奖金等经济方式来促进员工积极工作。物质激励是最基础的激励方式，通过提高员工的工资、岗位补贴、奖金等，保证其基本的生理、安全需要，为员工积极、向上地工作奠定物质基础。同时，适当的精神激励也是十分重要的，通过对员工工作的肯定、表扬及认可等精神方面的激励来提高员工工作效率，这是对员工较高层次需求的满足。通常，员工在获得基本的物质满足之后，就会在精神等层面希望得到领导及同事的认可，在工作中实现自我价值。因此，在对教工的实际管理过程中，应将物质激励和精神激励相互结合，合理运用，通过采取不同的激励方式，满足员工不同层次的需要。

综上，心理契约激励机制的构建以公平公正、自我激励、权变、正激励和负激励相结合、物质激励与精神激励相结合为原则，从薪酬制度、绩效考评制度、培训制度、晋升机制、政策激励、情感激励、物质与精神相结合等方面对激励机制的方案进行了构建。

二、动态管理教工心理契约，注重沟通与感情交流

（一）人本式管理：以情感交流促进心理契约

情感承诺指的是成员在感情上认同组织、投入组织和依恋组织的程度。情感承诺与成员需求得到满足，和令人感到舒服的工作经历具有相关性。中国高校教师与校方之间形成的是关系型心理契约，情感因素在契约中占重要比重，因此，对学校组织的情感与信任是中国高校教师心理契约构建的根基。学校组织应规范地兑现承诺，赢得教工的信任；实行尊重式的管理方式，为教师提供良好的人际关系环境，建立和谐的上下级关系和合作工作的氛围；管理过程体现公平性，并使教工感受到认可、尊重和关怀，使教工在良好关系型心理契约的驱动下对学校产生更强烈的归属感与忠诚感，通过这些方式强化个体对组织的情感。

（二）参与式管理：以沟通引导心理契约

随着中西文化的交融，中国高校教师心理契约的内容增加了竞争、参与、公开、公平和知识技能等元素，他们心中对这些内容的期望值也在提高。

高校应正视并重视这一现状，在管理方面体现这些元素。首先，建立教工参与学校管理的制度，建立公开、公平的教师绩效考核体系，以考核结果作为教师职称晋升和薪资分配的依据。其次，中国高校教师上下级间具有一定的距离感，这样易使学校与教师之间缺乏有效的沟通；心理契约的主观性和隐性特征在一定程度上会造成教师与校方之间出现信息不对称问题。因此，学校应建立起有效的信息沟通机制，积极了解教师的心理轨迹并加以引导。

（三）发展式管理：实行科学的职业生涯管理，维护心理契约

有关组织心理契约研究表明，发展性契约是员工十分关心的问题，是影响员工在组织中表现的重要因素。首先，学校根据教师不同职业发展阶段的需求，做好教工职业生涯早期、中期和晚期规划，实行科学的职业生涯管理，开发教师的潜力，使教师与学校组织共同成长。其次，以制度保障高校教师人力资源再生。高校教师是一种可再生的人力资源，在一定程度上被损耗的人力资源可以得到再生，这就要求对教工进行培养，通过制定科学有序的培训制度，维护人力资源。可借鉴美国高校的学术休假制度：教师连续工作几年就可享受全薪休假半年或半薪休假，自由从事科研学术活动；教师有机会总结和更新知识，到国内外高校或科研机构考察调研、学术交流。应使教师在保持较高的学术敏感性的同时发展自身，增强对学校组织的忠诚感与责任感，提高工作主动性与创造性。通过建立人本式、参与式和前瞻式的立体式管理策略，来引导和维护教师的心理契约。同时，在研究高校人力资源管理过程中，为提高教师心理契约的契合度，不能盲目地借鉴国外的管理方式，而是要以本土文化为基础，有选择地借鉴，在期望与责任中寻求高校与教师关系的平衡与和谐。

（四）心理契约违背的应对：及时沟通，疏导与修复

并非所有教工面对心理契约违背感时都产生消极的反应和敌对的行为。本研究发现，当教工感知到心理契约违背感时采取的调节方式主要有以下几种：主动、明确地谈判；降低自己对组织的责任兑现；提高自己对组织的责任承诺；通过降低自身对组织责任的期许来调和冲突。心理契约违背感通过调整不能达到新的平衡时，离职倾向或行为发生。工作满足感与教

师流动率成反比，满意度高的教师就会施展他们的聪明才智，充分把自己视为组织的主体，将个体的发展充分整合到组织的发展之中，从而创造出永远充满活力的组织。相反，满意度低的组织成员将会从组织中流失，流向他认为能够得到更大工作满意度的组织。在高校，教师追求的利益既是一种经济利益，从长远来说更是一种良好的职业发展前景，教师选择一个学校往往是以追求良好的个人发展前景为目的的。而良好的工作环境是教师个人发展成就得以满足的通路，所以，搭建"干事、创业"的平台是培养人才、吸引人才、稳定人才和用好人才的关键。高校应该根据教师个人的兴趣、特长和能力，为其提供能充分发挥才能的舞台和机会，并不断创造条件，优化教师的工作、生活和学术环境。高校环境是由学校的知名度、学科水平、学校的办学理念和办学条件等因素决定的。生活环境、工作条件是教师努力工作的基本环境和基础，但是生涯前景的内涵式发展和高质量建设则更为重要和复杂。

高校的软硬件建设缺一不可：较高学术水平、学科带头人、自由活跃的学术气氛、团结协作的人际关系等。切实提高教工的获得感，提升教师主体对学校建设的自豪感、认同感和归属感。这种以满足教师心理上的期望为基础的心理契约必将持久激励教工的工作积极性。

重要的是有效沟通。告诉教工，学校为他做了哪些努力。很多时候，教工看重的是学校对自己的态度、学校是否为教工争取利益。发生心理契约违背时，假如高校能与教工有效沟通，陈述组织为教工努力过、争取过。这样的前提下，即使结果不如人意，教工也常常不会心生不满，甚至对组织抱有更高的归属感。

（五）注重招聘过程，心理契约形成的初期

如果在招聘时学校招聘负责人向招聘对象随意做出一些承诺就可能误导教师的心理契约；更为普遍的是学校与求职者之间的相互推销，提高了双方的期望值，一旦两者"结合"，理想与现实的"落差"很快会呈现出来，从而对心理契约产生破坏性的影响。在招聘过程中，学校应当摒弃没有保障的承诺，而应当给出明确公开的职业信息，如学校对教师的期望、职位的要求、上岗后教师的责任和义务等等。这些期望构成雇佣双方心理契约的一部分。使双方都感到满意的关键是对未来工作范围的理解保持一致，或者说至少各方对工作的性质具有相似的理解，从而缩小教师心理期望和现实之间的差距，较好地实现个人与职位、个体与组织之间的匹配，构建起良好的心理契约。入职初期，新员工对自己的才能、需求以及价值观是否与最初的职业目标相吻合进行审视与判断，如果他们不能对自身有准确的认识，则往往引发职业初期的种种不适；招聘时，双方都处在设法揣摩对方同时又尽力掩饰自身不足的博弈之中。求职者对岗位、组织缺少全面、准确、客观的了解。在职业探索期，教工会积极寻找信息，对自身的适应力、岗位的具体要求、组织文化、组织承诺的实施情况形成自身的评价与价值观。此时，组织十分有必要提供必要的培训、引导，这对提高新教工的组织归属感、工作满意度，弱化心理契约违背感和离职意向有积极的助益。

（六）心理契约常态化管理，减少教工流失

心理契约的违背会导致信任的动摇，它与教工的高离职率呈正相关。教工在不同的发展阶段有不同的期望。随着外部环境的变化，学校组织结构、发展战略也会不断进行调整，对教工的期望和承诺也会不断发生变化。学校、教工都必须明确双方各自的现实责任和发展责任，加强相互间的沟通和交流，规避"责任误区"，从而减少双方的不确定性、误解及冲突，缓解教工心理契约违背感的程度，减少教工的流失。在组织人力资源管理决策上，必须明确教工群体在心理契约内容上的差异，减少盲目决策。

心理契约不仅具有动态性，而且还具有差异性。例如：未婚的教工更期望组织能给他们更多的晋升机会、培训机会，而较少关心住房问题；已婚的教工则更关注经济适用房与住房公积金，没有理想的物质激励使他们陷入经济压力，对组织的忠诚度也会随之下降，行为也更会短期化，容易产生离职倾向。这种差异就要求组织在管理决策前要充分调研，管理过程中要分别对待，减少决策的盲目性，提升管理决策的质量。在事后行为上，必须采取补偿措施，减少心理契约违背感的负面影响。

三、区分职业阶段特征，关注生涯发展

（一）提供科学的职业生涯管理与引导

科学的职业生涯管理有助于提高教工的工作成就感、工作满意度以及对组织的忠诚度。高校对教工进行科学职业生涯设计和管理的最终目的就是帮助其在组织内部发现职业发展的机会，激发他们的工作热情和潜能，更好地服务于学校，为实现学校的发展目标而努力工作。学校应在发展战略和人力资源规划支持下，结合教工个体的职业潜能、职业兴趣、职业价值取向等，精心打造教工的职业生涯规划，为每一位教工提供充分的职业发展机会和空间。

（二）科学看待"先就业、后择业"择业观

职业探索期教工会出现"心理契约违背感"的感知。持"先就业、后择业"择业观的职业探索期教工更容易产生心理契约违背感和离职倾向或行为。心理契约违背感会正向影响到员工的离职倾向。心理契约违背感会负向影响到教工的工作满意度、组织归属感。职业探索期教工离职倾向最主要的影响因素是"环境支持违背"，其次是"发展机会违背"。因此，对于学校人力资源管理部门而言，在招聘新教工和对新教工入职培训阶段，即职业探索期的最初阶段，关注教工的心理契约构建与管理，着重提供发展机会和环境支持十分必要。择业初期需要积极主动广泛收集职业信息，这些信息来自学校教育、家庭、已就业者的介绍等。"先就业再择业"是在一定现实社会背景和个体情况下的次优之举。不能抱着"随时准备离职"的态度进入职场，毕竟每个人的第一份工作都对其今后的职业成熟度和职业态度有深远影响。

（三）自我激励是度过高原期和瓶颈期的根本动力

高原期是一种规律性的现象，其形成的可能性很多，可能会是个体自身认识不足、知识结构不合理，也可能是自身所付出的努力不够。面对这种境况，教工应认清自身产生高原期的根源，有针对性地调整自己的情绪，降低挫折感。不能消极地抱怨环境的不合理与命运的不公平。只有积极面对，勇往直前，才能度过高原期。用发展的眼光看待生涯阶段，使用360度橱窗法，全面客观地分析自己的优势和劣势、机会和不足。

学校层面，作为生涯的组织管理者，要给教工人文关怀。在感情上关心教师，事业上支持教师，努力营造一个开放、宽松、良性的成长氛围。这样，当教师处于高原期或瓶颈期时，就会缓解精神压力和心理负担。相对于外界推力，源于教师自身的发展需求才是其专业成长的根本动力。因此，学校应积极为教工设计多途径的职业分流路径。赋予教师更多的自主权，激发教师自我发展、自我引导的积极性，使得教工在"职业兴趣""职业技能""职业个性"中找到交集，在专业成长中找回自信、自尊，从而顺利突破高原现象，走出瓶颈期。

（四）在个体与组织需求之间寻求职业生涯发展的平衡点

加强个体与组织的沟通，双向的交流有助于维持心理契约的平衡，降低离职倾向。个人的职业生涯规划只有有机结合组织的阶段发展目标才更容易实现"双赢"。在终身学习中谋求职业生涯的可持续发展。在树立正确职业生涯发展观的前提下，建立自己的职业锚。明确自身职业锚，有助于提高对自身职业性向和能力倾向的认识，对规划职业发展至关重要。对教工职业生涯的设计和指导，促使教工的个体需要和学校的发展需要相一致，把个人的职业生涯规划和组织的职业生涯管理结合起来，通过组织内生涯发展系统达到组织人力资源需求与个人职业生涯需求之间的平衡，从而实现组织发展和个人价值实现的双赢。

（五）生涯路径的激励：明确晋升通道与考核指标

为教工展示职业发展图谱，明确晋升路径与分阶段行动计划。营造支持专技人员的氛围、解决教工职业发展中的问题，促进职业生涯的持续发展。实施分阶段培训，持续提升专技人员素质。通过各种手段逐步建立综合培训体系和长效机制，培育和形成共同的价值观，增强专技队伍的凝聚力与团队精神。帮助新入职人员更好地了解校情与自身岗位工作内容、考核指标、晋升路径，使其加强对工作的宏观认识；积极为教工创造国内相关学习机会，进一步提升业务水平。达到"职业兴趣""职业技能""职业性格""职业价值观"的融合匹配，促进专技岗教工的职业发展。细化职称评定条件，根据不同专技岗人员的工作特点，分类进行职称评定，使更多专技岗教工看到职业发展的希望，为处于职业中级、高级的教工中后期职业生涯提供职业发展的持续动力。

四、需求多样化，激励差异化

（一）教师激励应因人而异

高校教师也遵循马斯洛五层次需要的金字塔模型。比如，教师个人成长、自我发展的需要；参与学校管理的需要；提高工资、福利待遇的需要；改善住房、生活条件的需要；和谐校园氛围、人际关系的需要：职务晋升的需要；出国培训、业务进修的需要；政策环境、尊重的需要；区域优势、发展空间的需要；配偶工作、子女发展的需要等。调查表明，教师不仅有较高层次的自我实现、尊重等方面的需要，也有谋求更好的生活条件、经济保障方面的需要，还有与家庭情感相连的配偶安置、子女入学的需要。教师激励的目标主要有两个：一是调动积极性，通过教师自身生涯的发展达成组织的发展；二是吸引人才、尊重人才、稳定人才，建设一支适应高等学校教育教学需要的具有竞争力的师资队伍。

（二）构建畅通多维度的晋升机制

几乎每一位有志向的教工都十分关注个人的成长，希望在工作的过程中，能够通过自己的努力，实现职业的提升和人生价值。在晋升机制设立的过程中，首先对岗位发展的前景进行分析，并根据不同员工的特点及所从事的岗位，如岗位等级、工作年限等，为其量身定做一个切实可行的奋斗目标，并根据这个目标提供相关知识和技能的培训。同时，还要充分尊重员工自身的意愿，在满足个人职业发展需求及单位利益之间找到平衡点，达到"双赢"的目的。

调查结果表明，样本对目前学校的"发展与晋升"满意度不高，主要原因在于绝大部分教工强烈渴望通过学历、职务、职称的提升和晋级达到个人经济利益和职场价值的提高，但各高校却未能提供相应的政策支持。因此，高校管理者在制定激励政策时，应该注意对员工预期上升空间提供保障，使之为达到预期目标而勤恳地工作。特别是职员制引入后，非领导岗位的行政管理人员只能通过年限来提升职级，这在相当大的程度上打击了积极性。他们不具备评职称的"参赛权"，只能靠年限提升职级。而且职级的提升又往往不是自己主观努力可以改变的，唯一的衡量指标是"时间"这个外部因素。这在很大程度上打击了一部分有能力、有抱负的行政管理基层员工的主观能动性。

（三）情感留人与事业留人并举

编外人员是高校的"异乡人"，没有编制就相当于没有身份，没有职称职务晋升的空间。编外人员的岗位基本都是"一成不变"的，十几年如一日地从事相同的工作，没有岗位的晋级，也不会有岗位的调动，能向上晋升的人非常少。因此，建议在薪酬待遇上为其制定富有吸引力的政策，情感留人与金钱留人并举。此外，建立科学合理的职员职级制。通过合理的职员职级制，将职务与职级分列，拓宽人才成长的通道，充分发挥薪酬分配的激励作用，提高员工工作的积极性。可根据工作表现及工作时间的长短，将同一岗位的人员划分不同的职级，并根据职级制定薪酬标准，以此来提高编外人员对工作的安全感及满足感，防止人员的过度流失。

（四）提供良好的"环境支持"

环境支持包括硬件的支持与软件的支持。硬件的支持包括组织发展前景良好、工作稳定；学校关心教工生活和思想状况；高校同事间合作愉快，沟通顺畅；得到上级的信任和尊重；教工业绩被高校认可；工作得到领导的支持；高校具有充分的工作资源；被绝大多数教工认同的高校文化和价值观；教工明确自己在工作中角色和任务的分工；公平对待每位教工；工作量适中；等等。高校一方面要根据任务要求进行充分的授权，允许教工自主制订他们自己认为是最好的工作方法，不宜进行过细的指导和监督，更忌采用行政命令的方式强制性地发布指令；另一方面，要为教工独立承担的创造性工作提供所需的资金、物资及人力支持，保证其创新活动的顺利进行。高校不仅要从教工的薪酬、福利等方面满足教工需要，而且应该为教工实现个人价值提供充分的发展空间，让他们最大限度地发挥自己的聪明才智和内在潜力，在富于挑战性和创造性的工作中展示其才华和智慧，从而在更高程度上实现自我。对教工的充分授权要求建立相应的授权式组织结构。这种组织结构，一是上级管理者要有一定的超脱性，让下属充分自治；二是将下级转变为领导者，赋予他们领导职责。

（五）提供吸引人、留住人的"发展空间"

造就学习型组织，开展教育培训，加强人才培养和选拔，不断更新原有知识，提升自我价值，已成为教工关注的焦点。在"发展机会"上，组织有义务为教工展示职业前景，制订培养方案，并采取实际可行的措施。发展空间包含的内容很丰富，包括工作富有挑战性；提供教工施展才能的平台；工作自主；有学习培训机会；有晋升空间。除此以外，在招聘环节，组织方与应聘方的坦诚交流在一定程度上是教工进入组织后能否较好发展的基本前提。在招聘过程中，应聘者需要真实传达自己的特长、兴趣爱好；用人方也要真实传达关于组织和岗位的真实信息。否则，心理契约一开始就构建在彼此隐瞒、互相猜忌的背景下，教工心理契约的破裂与离职就理所当然了。

（六）实施全面的薪酬战略

不同类型、地区高校教师对职业满意的认知程度存在差异；除性别因素外，不同资历的教师对职业满意的认知水平存在差异；职业满意度高的教师群体其工作积极性要高于职业满意度低的教师群体。教师职业及其发展状况带给高校教师较大的职业激励。薪酬具有导向作用和激励功能。

构建科学的"物质激励"制度。知识经济时代，教工的薪酬不再是简单的收入分配问题，而是教工价值实现的一种形式。因此，合理的薪酬制度不仅是吸引和留住教工的前提，也是人力资本不断增值的重要基础。在"物质激励"上，组织必须认可教工的付出，不能以钱留人时，至少要以情留人。全面的薪酬战略是指组织将支付给教工的薪酬分为"外在"和"内在"两大类。"外在薪酬"主要指为教工提供的可量化的货币性价值，"内在薪酬"则是指那些给教工提供的不能以量化的货币形式表现的各种奖励，它是基于工作任务本身的报酬。"外在薪酬"与"内在薪酬"构成完整的薪酬体系。比较而言，"内在薪酬"对教工具有更大的吸引力。由于教工在他们的心理契约中对高校的期望和需求是全面的，既包括基本的物质需求，更包括高度的精神需求，因而实施"全面薪酬战略"是实现对教工全面激励和有效管理的最优模式。

（七）心理契约与经济契约并重

高校教师的工作具有自主性、创造性、较强的成就动机、蔑视权威、流动意愿强，同时教师的工作还具有工作过程难以监控、工作成果难以衡量的特点。真正才华横溢的有用之才，往往又是充满个性而难以驾驭的。作为追求自主性、个性化、多样化和创新精神的高校教师，虽然他们也领薪水，但正如赫茨伯格的双因素理论所说，金钱本身对他们的工作表现并没有激励作用，他们需要从工作中得到比领取薪水更大的满足。高校教师必须被当作"伙伴"来管理。他们需要的不是命令。经济性契约及其隐含的外在激励在激发他们热情和创造力方面很难起到理想的效果。因为经济性契约基本上侧重于人力资源管理的第一阶段。要管理好高校教师，必须在学校与教师之间建立一种心理契约。心理契约既然是一种契约，它必须包含甲乙双方的心理期望。甲方是学校，在教师的眼中，学校管理者是学校的化身，乙方是学校的教师，甲方对乙方的心理期望是发挥全部的潜能、承诺学校目标的实现、相互支持、诚实和全力以赴等。乙方对甲方的期望较多，包括：有意义的目标、尊重专长、信任、工作具有挑战性、公平、能够自由发表意见、容忍失败、得到信息、努力得到回报、能够得到帮助、工作具有趣味性等等。从高校教师的特点可以看出，与经济契约不同，高校教师的心理契约的主控方不是甲方而是乙方。如果你雇佣最优秀的人才，使他们拥有自己的尊严并受到尊重，对他们进行投资并充分信任他们的能力，激励并帮助他们的个人发展，创造最有利于积极性发挥的环境，那么这些人将竭尽全力发挥自己的才干来予以回报。建立高校教师的心理契约是人力资源管理的一剂良方。心理契约对人力资源管理的影响体现在诸多方面，如人力资源的获取、保留、合理使用及发展，以最终达成组织目标。其间，能否发挥心理契约的作用，将直接影响其人力资源管理的效率。

（八）关注高校教师绩效评价的优化与改进

高校教师绩效评价的优化与改进主要在于组织结构、运行保障和激励机制方面。在组织结构的优化层面，以体现大学文化为特征，以高校发展战略为导向，以组织结构优化为依据，以任务要素为基础，构建基于绩效的高校教师网络组织；在保障机制层面，构建和贯彻高等教育价值理念，形塑以人为本的大学文化，以教师发展和团队建设为抓手打造高效师资队伍；在激励机制层面，要保证有效性，就需要秉持针对性、交互性、适时性、长期性的特征，制定科学合理的约束激励体系，物质激励与精神激励有效结合，以此形成有效的绩效评价作用机制。

（九）给予女教工更多理解和支持

一是积极营造社会性别公平环境，包括：改善社会文化环境，推进社会性别公平；积极发挥政府保障女权的宏观调节作用；促进家务社会化和现代化。二是高校要积极进行女性教师职业生涯管理与开发。要把性别平等意识纳入决策主流，为女教师发展提供良好的政策环境，建立教职工职业生涯发展中心，以项目为载体推进高校女教师职业生涯的发展，建立体现对女性教师人文关怀的考评体系和长效机制，发挥女工委员会等团体的作用。三是积极进行个人全面开发与管理，充分发挥高校女性教师的主观能动性。开展三维管理（自我事务管理、职业生涯管理和家庭生活管理），做到事业家庭兼顾。三者的作用密不可分，形成一个统一的动态的系统。

五、构建基于生涯组织管理的外部激励机制

生涯的自我管理是被大众接受的生涯理念。然而，仅有内部动力，生涯的发展不一定能达到个人与组织的共赢。生涯组织管理作为必要的外部动力，其重要性已经日益凸显。

生涯组织管理需要各方面的有效配合。高校在为教工开展职业生涯规划时，应当根据不同生涯阶段特点来采取对策。

（一）实施差异性生涯组织管理

对于新教工职业规划，提供一个富有挑战性的最初工作能产生相当的吸引力。实践证明，高校能够做的最重要事情之一就是争取做到为新教工提供富有挑战性的、令人快速成长的工作。提供富有挑战性的起步性工作，是帮助新教工取得职业发展的有效方法之一。

对中期教工的职业规划方法是提拔晋升。从职位晋升中清晰地找到个人发展方向，是最大的动力。职业通道畅通，能够让有培养前途、有作为的教工努力去工作。正所谓，有前途才是留住人才的最大吸引力。同时，安排其从事富有挑战性的工作和通过轮换岗位方式让其保持新感觉，或者安排探索性的职业工作，对处于职业中期的教工而言，是克服职业倦怠、增加职业新鲜感的主要方法。

老年教工的职业规划外部支持主要是保障和尊重。保障其工作的稳定性和安全性，使其体面地退休，尊重其长久以来为学校付出的努力。足够的尊重，往往可以激发教工在临近退休前发挥余热，为学校发展建言献策。

（二）生涯管理是对教工生涯的重要支持

对高校组织而言，开展职业生涯管理工作有助于收集到宝贵的一手信息。摸清教工的不同个性和职业需求，发现心理期望违背感的关键事件，理解不同人群的职业发展现状等。可帮助组织了解教工的现状、需求、能力及目标，调和组织与个人之间的矛盾，明确彼此需求，预测未来的发展机会。动态提高人力资源配置的合理性。职业生涯管理能深层次地激励教工，持久、自发地调动教工的积极性和潜能，并培养其对组织的忠诚感、归属感，使教工与高校间建立长期的、良好的"心理契约"，增加现有教工队伍的稳定性。

职业生涯的有关开发和管理活动优化了劳动力技能，提升了高校人力资源的竞争力，也就提升了高校的竞争力，使组织获得持续发展。对教工个人而言，通过进修、培训、轮岗、挂职等活动可有效提高业务素质、拓宽工作视野、积累人脉资源、丰富实践经验、提升多部门协调能力，可使教工在不断自我提升中实现个人价值和组织业绩的双丰收。心理成就感的追求得到满足，组织归属感、职业满意度自然得到提升。通过开展职业生涯规划、咨询、测评等工作，可使教工更加清楚自身的长处和短处及适合的职业发展方向。高校的人文关怀也是凝心聚力的黏合剂，高校应该多开展丰富的文体活动和评优树先活动，帮助教工协调好职业生活与家庭生活的关系，更好地实现人生目标。职业生涯管理将教工的职业生涯发展置于其总生命空间中考虑，即综合考虑职业生活同个人事务、婚姻家庭等其他生活目标的平衡。

（三）整合多方资源，构建生涯组织管理的外部体系

要想完成组织的职业生涯管理任务，需要充分考虑职业生涯管理的环

境因素，不同部门之间、教工和管理人员之间都要有充分的信息沟通，组织的每一项职业生涯管理活动都应该从开发的步骤上、思想组织制度的保障上展开，即应由信息沟通平台、保障体系和实施过程体系构成全面的职业生涯管理体系。

体系保障、组织建设、制度建设是职业生涯管理体系中重要的部分。加强人力资源管理机构的建设，确立明确目标，明晰职权，协调管理过程的各个环节，保持信息沟通渠道的通畅。人是思想的载体，也是制度的执行者和承受者，所以必须要配备高素质的人力资源管理人员。加强对人力资源管理人员的培训，使其熟悉现代职业管理的理念、方法和管理工具。

生涯导向的人力资源管理，不仅仅是增加了一个新的管理内容，更重要的是通过生涯管理这根"红线"，把人力资源管理几乎全部的传统内容串了起来，换言之，生涯管理带来了人力资源管理方法上的巨大变革。

（四）实施生涯导向的人事管理

一是生涯导向的招聘。职业生涯管理中的教工进入组织，正好对应于人力资源管理组织的人员招聘工作。招聘工作的质量也决定了职业生涯管理工作的难易程度以及人力资源开发的水平。为适应职业生涯管理需要，高校的招聘政策调整表现在两个主要方面：其一，职业发展导向的招聘过程突出对应聘者价值观、人性和潜力的选择；其二，职业发展导向的招聘对象定位于为初级岗位补充空缺。

二是生涯导向的绩效评估。在生涯导向的人力资源管理中，绩效考评的结果既是帮助教工改进绩效，也是修正生涯发展中可能出现的偏差，修改或调整生涯计划的重要依据。如何建立绩效的动态管理，连续的分析和反馈制度是职业生涯管理中必须解决的问题。绩效是集工作能力、工作态度、工作行为、工作业绩于一体的综合体。从职业生涯管理角度看，绩效考核是进行职业生涯管理的重要手段，绩效考核的结果是教工职业发展如晋升、岗位轮换和培训的依据；对于个人来说，绩效考核的结果是自我认识的重要途径，也是个人制订职业生涯发展目标的基础。发展性绩效评估针对开发和指导，把重点放在教工未来发展上，试图去确定被评价者可以改进的知识和技能，从而达到开发其潜能的目的。

三是生涯导向的薪酬管理。生涯导向的薪酬管理，要求奖酬、福利系统和制度具有更多的灵活性。雇员在职业生涯发展的不同时期，将有不同的价值观和需要，人们越来越有必要在这方面创造出更多的选择机会，让雇员自己来选择，满足其个性化的需求，从而最大限度地激励教工。如对年轻教师来说，带薪参加学术会议可能对其是一个很大的激励：对处于职业生涯中期的双职工雇员来说，他们最需求的可能是带薪假期和一些涉及老人、小孩的福利政策。

四是生涯导向的培训管理。职业生涯管理与培训的联系很密切，积极的培训政策为教工的职业发展创造了条件。"生涯导向"的培训也称为"发展性培训"，它强调根据教工的发展需要来进行培训的系统安排。针对处于职业发展不同时期的教工，安排不同的培训内容，可以提高培训的有效性；通过有针对性的教育与培训促进其职业生涯规划的实现，促进教工的职业发展，满足教工自我实现的心理需求，可以实现培训的激励有效性。

（五）多途径加强高校教师的思想政治素养和道德情操

教师的政治素养与道德水平直接影响青年学生世界观、人生观、价值观的形成。加强高校教师的思想政治引领，不断提高教师思想政治素质和职业道德水平，对于提高和保障高校坚持正确办学方向，完成立德树人根本任务，具有重要意义。加强教师思想政治引领是高校教师队伍建设的重要工作之一。高校应充分发挥政治优势、组织优势、群众优势、情感优势、资源优势等多种优势，构建立体化激励体系，重视心理契约的构建与维护，强化教育职能，提高教师参与学校民主管理、积极投身教育事业、探索教学质量提升模式、创新教学方式的积极性。

加强教师思想引领，及时正向反馈，强化"积极组织公民行为—正向组织激励反馈"的良性循环模式，在螺旋式上升中增加高校和教工的情感纽带，提升教工组织生涯激励的外部能量感知度，促进其自觉坚定职业理想、恪守职业道德，努力提升个人的职业修养和精神境界，立德立身、立德立学，做新时代的"四有"好老师和"四个领路人"。

主要参考文献

中文文献

[1] 白艳莉.雇佣关系感知对知识员工行为的影响机制研究：基于心理契约的理论视角 [M].北京：法律出版社，2012.

[2] 蔡淑兰.教师职业发展核心动力的演变与发展 [J].教育理论与实践，2012（17）.

[3] 常杉杉.高校教师发展及其主体回归 [J].江苏高教，2019（12）.

[4] 陈加洲，凌文辁，方俐洛.员工心理契约结构维度的探索与验证 [J].科学学与科学技术管理，2004（3）.

[5] 陈加洲.员工心理契约的作用模式与管理对策 [M].北京：人民出版社，2007.

[6] 陈加洲，方俐洛，凌文辁.心理契约的测量与评定 [J].心理学动态，2001（3）.

[7] 陈晓云.就业行为管理 [M].上海：上海人民出版社，2007.

[8] 程文文，吴君民，葛世伦.劳动力市场维度与员工离职 [J].华东船舶工业学院学报，1999（1）.

[9] 崔骋骋.英国高校教师发展的"楷模"——剑桥大学教师个人与专业发展中心的经验与启示 [J].比较教育研究，2016（2）.

[10] 崔勋.员工个人特征对组织承诺与离职意愿的影响研究 [J].南开管理评论，2003（4）.

[11] 杜立江.马斯洛需要层次理论与员工主动离职率 [J].人力资源，2006（2）.

[12] 符益群，凌文辁，方俐洛.企业职工离职意向的影响因素 [J].中国劳动，2002（7）.

[13] 高山，黄建元，徐颖.基于修正激励理论的高校教师心理契约违背规避

研究 [J]. 江苏高教，2017（6）.

[14] 葛艾红. 心理契约视角下高校青年教师管理的优化研究 [J]. 高教论坛，2019（5）.

[15] 关培兰，李晗. 新商业经济条件下的知识员工管理 [J]. 武汉大学学报，2007（4）.

[16] 关培兰，张爱武. 研发人员心理契约的结构、内容和感知现状 [J]. 武汉大学学报，2006（3）.

[17] 关培兰，祝尊乾. 基于内部营销的人力资源管理创新 [J]. 人力资源，2006（10）.

[18] 郭颖梅. 云南农林高校女性教师学术生涯发展阻隔因素探究——基于 Heckman 两阶段选择模型的实证研究 [J]. 云南农业大学学报（社会科学版），2019（4）.

[19] 韩大勇. 知识型员工激励策略 [M]. 北京：中国经济出版社，2007.

[20] 何发平，唐琦明. 心理契约违背感与员工离职问题探讨 [J]. 商业时代，2008（19）.

[21] 何晓群，刘文卿. 应用回归分析 [M]. 北京：中国人民出版社，2001.

[22] 侯翠平. 高校青年教师职业发展的瓶颈及路径分析 [J]. 教育理论与实践，2018（36）：36-38.

[23] 黄春生. 工作满意度、组织承诺与离职倾向相关研究 [D]. 厦门：厦门大学，2004.

[24] 黄建雄. 美日高校兼职教师队伍的特点及启示 [J]. 教育评论，2019（1）.

[25] 黄建雄. 美日高校教师队伍年龄结构的特点及启示 [J]. 教育现代化，2019（9）.

[26] 黄婷，张同建. 公平性偏好、心理契约优化与敬业精神的相关性研究——基于中国高校教师的数据检验 [J]. 高校教育管理，2017（5）.

[27] 黄文述. 应届大学毕业生高离职率问题的原因及对策剖析 [J]. 黑龙江高教研究，2007（1）.

[28] 黄正雄. 人力资源管理措施——价值观契合与员工效能之关系 [D]. 台北：台湾大学商学研究所，1998.

[29] 江林.知识型员工的特点与管理[J].经济理论与经济管理，2002（9）.

[30] 江忠华.基于高校教师心理契约特征的激励策略[J].江苏高教，2017（6）.

[31] 金艾裙.基于职业生涯发展的高校教师心理契约管理[J].江苏高教，2012（4）.

[32] 康珂.知识型员工薪酬公平满意度与离职倾向的关系研究[D].杭州：浙江工商大学，2007.

[33] 雷虎强.社会主要矛盾变化视阈下高校青年教师职业发展保障机制构建研究[J].福建师范大学学报（哲学社会科学版），2019（1）.

[34] 李成超，孟鹏.应届大学毕业生高离职率问题的原因及对策[J].中国成人教育，2006（11）.

[35] 李芳，王剑锋.高校"非教师序列人员"管理比较研究：以芝加哥大学与国内A大学为例[J].高校教育管理，2013（6）.

[36] 李雅儒，汪抒.全国大学生职业生涯阻碍因素调查研究[J].中国特色社会主义研究，2007（5）.

[37] 李原，郭德俊.组织中的心理契约[J].心理科学进展，2002（1）.

[38] 李原.员工心理契约的结构及相关因素研究[D].北京：首都师范大学，2002.

[39] 李志，杨清明，胡自力.企业科技人员的需要特征与积极性调动研究[J].中国科技论坛，2002（2）.

[40] 梁启华.基于心理契约的企业默会知识管理[M].北京：经济管理出版社，2008.

[41] 梁巧转，黄旭锋.高科技行业员工就业初期高离职率的经济学解释[J].预测，2003（4）.

[42] 林澜.心理契约及其对员工组织公民行为的影响：基于中国高校组织情况的研究[M].厦门：厦门大学出版社，2013.

[43] 林启豫.基于优秀教师成长共性的职业生涯规划[J].教育评论，2017（9）.

[44] 凌文辁，方俐洛.心理与行为测量[M].北京：机械工业出版社，2003.

[45] 刘兵，彭莱.中国背景下雇员主动离职模型的探索和验证研究[J].心理科学杂志，2005（3）.

[46] 刘华. 心理契约视阈下我国高校教师队伍建设研究综述 [J]. 北京教育（高教版）2020（4）.

[47] 刘可祎. 基于高校教师心理契约特征的激励策略研究 [J]. 艺术科技，2019（3）.

[48] 刘燕，王重鸣. 知识型员工主动离职的影响因素研究进展 [J]. 人类工效学，2006（1）.

[49] 刘渊，刘敦虎. 应届大学毕业生离职风暴的心理困境探究 [J]. 云南行政学院学报，2006（2）.

[50] 芦丽莉. 心理契约视角下的民办高校教师队伍管理 [J]. 青年与社会，2019（11）.

[51] 罗旭华. 饭店知识型员工离职的原因、影响及对策分析 [J]. 旅游学刊，2004（S1）.

[52] 马慧，张宁. 高校青年海归教师的成长发展困境及对策研究 [J]. 江苏高教，2020（2）.

[53] 马淑婕，陈景秋，王垒. 员工离职原因的研究 [J]. 中国人力资源开发，2003（9）.

[54] 马媛，刘鹏. 知识型员工离职管理 [J]. 商业经济评论，2007（11）.

[55] 欧臻. 饭店解决饭店管理专业大学毕业生潜流失问题的研究 [D]. 长沙：湖南师范大学，2005.

[56] 潘颖. 论心理契约与高校教师的主体意识——读《领导行为与高校教师心理契约研究》有感 [J]. 出版广角，2015（Z1）.

[57] 彭川宇. 基于人口学特征的知识员工心理契约感知差异调查 [J]. 工业技术经济，2008（10）.

[58] 彭川宇. 知识型员工心理契约特征维度研究 [J]. 商场现代化，2008（2）.

[59] 阮成武. 高校教师职业生涯发展的场域转换及惯习重构 [D]. 芜湖：安徽师范大学，2019.

[60] 邵爱华. 基于心理契约的员工离职分析及管理策略 [J]. 山东工商学院学报，2005（3）.

[61] 史万兵，杨慧. 高校外籍教师管理机制的心理学科探索史 [J]. 社会科学家，

2014（3）.

[62] 宋国学，谢晋宇.择业模式、择人模式及其匹配 [J].经济管理，2006（13）.

[63] 宋文红，邹卫宁.英国高校教师专业发展的经验和启示——以牛津布鲁克斯大学教职员和学习发展中心为例 [J].青岛科技大学学报（社会科学版），2013（2）.

[64] 孙传远.中国成人高校教师的学术职业发展 [J].教育与职业，2015（10）.

[65] 唐玉生.高校青年教师培养：挑战、任务与策略 [J].现代教育管理，2020（1）.

[66] 万恒，石青群.生涯视角下的闲暇教育与教师个性化发展 [J].教师教育研究，2017（2）.

[67] 万恒.生涯视域下教师个性化专业发展：现状与问题——基于五所初中学校的实证研究 [J].教师教育研究，2018（2）.

[68] 王贵军，李明显.大学生择业期内为何离职率高 [J].人才资源开发，2006（11）.

[69] 王海威，刘元芳.中美高校教师心理契约的比较研究 [J].中国高教研究，2008（3）.

[70] 王海威.高校教师心理契约的跨文化研究——基于中美比较的视角 [J].前沿，2007（12）.

[71] 王路，王林雪.心理契约与应届大学生离职关系研究 [J].西安电子科技大学学报，2007（5）.

[72] 王庆燕.组织社会化过程中新员工信息寻找行为与心理契约的实证研究 [D].上海：上海交通大学，2007.

[73] 王闯夏，公迎雪.心理契约理论视角下的民办高校教师激励机制研究 [J].当代会计，2020（2）.

[74] 王双龙，周海华.基于心理契约的员工离职原因分析及对策 [J].企业经济，2007（10）.

[75] 魏峰.组织—管理者心理契约违背感研究 [D].上海：复旦大学，2004.

[76] 魏峰，李燊，张文贤.国内外心理契约研究的新进展 [J].管理科学学报，2005（5）.

[77] 文魁，吴冬梅．异质人才的异常激励：北京市高科技企业人才激励机制调研报告 [J]. 管理世界，2003（10）.

[78] 翁杰，周必彧，韩翼祥．中国大学毕业生就业稳定性的变迁——基于浙江省的实证研究 [J]. 中国人口科学，2008（2）.

[79] 吴建强．大学学校文化及其对教师的影响——中英比较对我们的启示 [J]. 教育学报，2005（4）.

[80] 吴亚群．知识型员工离职意图实证研究 [D]. 大连：大连理工大学，2005.

[81] 吴玉．心理契约与离职意愿的相关性分析——以大学生员工为例 [D]. 南京：南京理工大学，2007.

[82] 吴振利，饶从满．斯坦福大学的教职员帮助中心及其启示 [J]. 比较教育研究，2008（2）.

[83] 向征，彭建国．企业高学历员工离职原因及对策的实证研究 [J]. 重庆大学学报，2006（1）.

[84] 谢晋宇．人力资源开发人员的招聘与筛选 [J]. 中国人力资源开发，2006（1）.

[85] 许昆鹏．中小民营企业知识型员工离职原因的实证研究 [J]. 工业技术经济，2006（2）.

[86] 薛艳．职业适应期大学生员工工作稳定性特征及对策研究 [D]. 重庆：重庆大学，2007.

[87] 杨春华．中外知识型员工激励因素比较分析 [J]. 科技进步与对策，2004（6）.

[88] 杨东涛，宋联可，魏江茹．中国情景下员工离职意向影响因素实证研究 [J]. 河南社会科学，2007（4）.

[89] 杨秀治．教师生涯阶段研究：标准、论域与方法 [J]. 中国教育学刊，2017（7）.

[90] 姚辉．中国员工职业生涯阶段心理契约研究 [M]. 北京：中国市场出版社，2010.

[91] 余琛．心理契约履行与组织公民行为之间的关系研究 [J]. 心理科学，2007（2）.

[92] 余琛．员工心理契约与持股计划研究 [D]. 杭州：浙江大学，2003.

[93] 余琛．知识型员工的职业高原与绩效关系研究 [J]. 科学学研究，2006（6）.

[94] 喻登科 . 高校教师的知识性格与职业发展：基于访谈的质性分析 [J]. 高教探索，2018（7）.

[95] 张德，李树苗 . 人口变量、工作满意度和流失意图的关系实证研究 [J]. 统计研究，2001（10）.

[96] 张建琦，汪凡 . 民营企业职业经理人流失原因的实证分析：对广东民营企业职业经理人离职倾向的检验分析 [J]. 管理世界，2003（9）.

[97] 张立迎 . 普通高等学校教师心理契约作用机制的实证研究 [M]. 哈尔滨：黑龙江大学出版社，2012.

[98] 张勉，李树苗 . 雇员主动离职心理动因模型评述 [J]. 心理科学进展，2006（4）.

[99] 张勉，张德 . Price-Mueller 离职模型中价值观变量调节作用的实证研究 [J]. 管理评论，2006（9）.

[100] 张勉，张德 . 企业雇员离职意向的影响因素：对一些新变量的量化研究 [J]. 管理评论，2007（4）.

[101] 张勉 . 雇员离职意向模型的研究与应用 [M]. 北京：清华大学出版社，2006.

[102] 张勉，张德，李树苗 . IT 企业技术员工离职意图路径模型实证研究 [J]. 南开管理评论，2003（4）.

[103] 张望军，彭剑锋 . 中国企业知识型员工激励机制实证分析 [J]. 科研管理，2001（6）.

[104] 张文彤，SPSS 统计分析高级教程 [M]. 北京：高等教育出版社，2004.

[105] 张小林，杨维维 . 高学历新员工多路径离职理论的实证研究 [J]. 技术经济，2007（11）.

[106] 张言彩，韩玉启 . 国外员工离职研究文献描述性分析及综述 [J]. 技术经济，2007（8）.

[107] 赵慧军 . 中关村科技园区企业员工离职行为的探析 [J]. 首都经济贸易大学学报，2004（3）.

[108] 赵兰芳 . 心理契约视角下高校青年教师职业发展探究 [J]. 成都中医药大学学报（教育科学版），2016（1）.

[109] 赵媛媛. 高校青年女教师职业发展研究 [D]. 北京：中国矿业大学，2019.

[110] 郑超，黄攸立. 国有企业知识员工激励机制现状调查及改进策略 [J]. 华东经济管理，2001（S1）.

[111] 郑洁. 大学毕业生就业初期的不适应现象分析 [J]. 现代管理科学，2007（1）.

[112] 周鸿飞. MBA 学生离职倾向实证研究 [D]. 武汉：华中科技大学，2004.

[113] 周亚芳. 基于心理契约的教师教学发展研究 [J]. 教育评论，2017（9）.

[114] 朱宝进. 心理契约理论下的高校外聘教师管理方案探讨 [J]. 智库时代，2019（5）.

[115] 朱晓妹，王重鸣. 员工心理契约及其组织效果研究 [J]. 管理工程学报，2006（3）.

[116] 朱晓妹，王重鸣. 中国背景下知识型员工的心理契约结构研究 [J]. 科学学研究，2005（1）.

外文文献

[1] ANDERSON, N., SCHALK, R. The Psychological Contract in Retrospect and Prospect [J]. Journal of Organizational Behavior, 1998(19).

[2] ARGYRIS, C. Understanding Organizational Behavior [M]. Homeword, IL: Dorsey press, 1960.

[3] GUEST, D., CONWAY, N. Communicating the Psychological Contract: An Employer Perspective [J]. Human Resource Management Journal, 2002(12).

[4] HERRIOT, P., MANNING W. E., KIDD J. M. The Content of Psychological Contract [J]. British Journal of Management, 1997(8).

[5] JOVAN HSU, JUI–CHE HSU, SHAIO YAN HUANG, et al. Are leadership styles linked to turn over intention: An examination in Mainland China [J]. Journal of American Academy of Business, 2003(3).

[6] MILLWARD, L.J., HOPKINS, L. J. Psychological Contracts, Organizational and Job Commitment [J]. Journal of Applied Social Psychological, 1998, 28(16).

[7] MORRISON, E. & ROBINSON, S. When Employees Feel Betrayed: A Model of How Psychological Contract Violation Develops [J]. Academy of Management Review, 1997, 22(1).

[8] MOBLEY, W. H. Some Unanswered Question in turn over and Withdraw Research [J], Academy of Management Review, 1982, 7(1).

[9] MARSH, R., MANARI, H. Organizational Commitment and turn over: A Predictive Study [J]. Administrative Science Quarterly, 1977(22).

[10] ROBINSON, S., KRAATZ, M, ROUSSEAU, D. Changing Obligations and the Psychological Contract: A Longitudinal Study [J]. Academy of Management Journal, 1994(37).

[11] ROUSSEAU, D. Psychological and Implied Contracts in Organizations [J]. Employee Rights and Responsibilities Journal, 1989(2).

[12] ROUSSEAU, D. RELLER, M. Human Resource Practices: Administrative Contract Maker [J]. Human Resource Management, 1994, 33(3).

[13] Rousseau, D. Psychological Contracts in Organizations: Understanding Written and Unwritten Agreement [M]. SAGE Publications, 1995.

[14] SIMS, R. Human Resource Management's Role in Clarifying the New Psychological Contract [J]. Human Resource Management, 1994, 33(3).

[15] SHORE, L. M., BARKSDALE, K. Examining Degree of Balanced Level of Obligation in the Employment Relationship: a Social Exchange Approach [J]. Journal of Organizational Behavior, 1998(19).

[16] TUSI, A. S., PEARCE, J. L., PORTER, L. W. E et al. Alternative Approaches to the Employee-organizational Relationship: Does Investment in Employee Pay off? [J]. Academy of Management Journal, 1997, 40(5).

[17] TUNLEY, W., FELDMEN, D. The Impact of Psychological Contract Violations on Exit, Voice, Loyalty and Neglect [J]. Human Relation, 1999, 52(7).

[18] PRICE, J. L. The Study of turn over [M]. Iowa State University Press, 1997.

[19] PORTER L. W., STEER R. M.Organizational Work and Personal Factors in Employee turn over and Absenteeism [J]. Psychological Bulletin, 1973, 80(2).

[20] SUPER D.E, THOMPSON A.S, LINDEMAN R.H, et al. Mannual for the Adult Career Concerns Inventory [M]. Palo Alto, CA: Consulting Psychologists Press, 1988.

[21] PETER P M JANSSEN, JAN DE JONGE, ARNOLD B BAKKER. Specific determinants of intrinsic work motivation, emotional exhaustion and turn over intention: A multisample longitudinal studyInge Houkes [J]. Journal of Occupational and Organizational Psychology, 2003, 76(4).

[22] DALTON, R., TODOR, W. D. Turn over Turned over: An Expanded and Positive Perspective [J]. Academy of Management Review, 1979, 4(2).

[23] HERZBERG, F., MAUSNER, B., SNYDERTMAN, B. The Motivation to Work [M]. New York: John Eiley &Sons inc., 1959.

[24] SCOTT L BOYAR, CARL P MAERTZ JR, ALLISON W PEARSON, et al. Work–family conflict: A model of linkages between work and family domain variables and turn over intentions [J]. Journal of Managerial Issues, 2003, 15(2).

附录1 调研问卷

关于高校教师职业发展与心理契约的调查问卷（教师卷）

尊敬的女士／先生：

您好！这是来自高校教师职业发展研究小组的问卷。希望能获得您的支持与帮助！调研的目的是了解您的职业发展现状，以及您在工作中的具体感受，以便优化组织人力资源管理理念，为政策制定提供参考。本次调查无需署名，调查结果仅供科研使用，完全保密，答案无对错之分，请在您认为最合适的等级数字或选项上用"√"标出。您的回答对本研究非常重要，请费心填写，谢谢您的合作！

一、个人基本资料

下面的题目是关于您的基本情况，请您在认为最合适的选项上用√标出。

您的性别	□女　□男
您的婚姻状况	□单身（未婚）　□已婚　□其他
您的最高学历	□大专及以下　□本科　□硕士　□博士
您的职称	□初级　□中级　□副高　□正高　□其他
您的年龄	□20岁及以下　□21—30岁　□31—40岁　□41—50岁　□51—60岁　□61岁及以上
您在现单位的工龄	□3年以内　□3—10年　□10—20年　□20—30年　□30年以上
您现工作单位的地域	省　　　市　　　县（市、区）（如：浙江省杭州市西湖区）
您的工作岗位	□行政管理人员　□专业教师　□辅导员　□其他专技岗　□工勤人员　□其他（请注明）：
您的工作职位	□普通员工　□科级管理者（如科长）　□中层管理者（如处长、院长）

您的专业	□哲学　□经济学　□法学　□教育学　□文学　□历史学　□理学　□工学　□农学　□医学　□军事学　□管理学
您有多长时间的海外学习经历	□无　□6个月以内　□6—12个月　□12—36个月　□36个月以上
您有几个孩子？	□0　□1　□2　□2个以上
您单位属于下面哪种？	□本科　□大专（高职）
学校性质	□公办　□民办　□海外高校
您的编制	□编内　□编外
您的年收入	□<10万　□10万—15万　□15万—20万　□20万—25万　□25万—30万　□≥30万
……	

二、职业发展情况

（一）职业成长

下列是您职业成长的描述，答案无好坏之分，请在符合您实际情况的选项中打√	完全符合	比较符合	不确定	不太符合	完全不符合
Zm1 目前的工作使我离自己的职业目标更近一步					
Zm2 目前的工作与我的职业目标、职业理想相关					
Zm3 目前的工作为我的职业目标的实现打下了基础					
Zm4 目前的工作为我提供了较好的发展机会					
ZN1 目前的工作促使我掌握新的与工作相关的技能					
ZN2 目前的工作促使我掌握新的与工作相关的知识					
ZN3 目前的工作促使我积累了更丰富的工作经验					
ZN4 我感觉自己的职业能力得到了不断的锻炼与提升					

续表

下列是您职业成长的描述,答案无好坏之分,请在符合您实际情况的选项中打√	完全符合	比较符合	不确定	不太符合	完全不符合
ZH 1 在目前单位,我的职称提升可能性很大					
ZH 2 在目前单位,我的薪资继续得到提升的可能性很大					
……					

(二)职业满意度

下列是您职业满意度的描述,答案无好坏之分,请在符合您实际情况的选项中打√	完全满意	比较满意	不确定	不太满意	不满意
m1 目前的工作让我有独立工作的机会					
m2 工作的稳定性					
m3 我对单位执行政策的方式					
m4 我有自主决定如何完成工作的机会					
m5 我对目前的工作条件					
m6 我对同事之间相处的方式					
m7 我的上司对待下属的方式					
m8 我的上司做决策的能力					
m9 目前的工作让我能够一直保持忙碌充实的状态					
m10 我可以时不时地能有做一些不同事情的机会					
m11 目前的工作让我有机会在团体中成为重要角色					
m12 目前的工作能够让我做一些不违背良心的事情					
m13 目前的工作能够让我有机会为其他人做些事情					
m14 我有机会告诉他人应该做些什么					
m15 目前的工作能够充分发挥我的能力					
m16 我的收入与我的工作付出					
m17 工作出色时所获得的距离感					

续表

下列是您职业满意度的描述，答案无好坏之分，请在符合您实际情况的选项中打√	完全满意	比较满意	不确定	不太满意	不满意
m18 我对在本单位获得职位晋升的机会					
m19 能自己做出判断					
m20 我能够从工作中获得某种成就感					
……					

（三）职业承诺、职业情感

下列是您对目前工作的感觉的描述，答案无好坏之分，请在符合您实际情况的选项中打√	完全同意	比较同意	不确定	不太同意	完全不同意
C1 从事现职业我感到很自豪					
C2 对现在从事的工作充满了热情					
C3 太喜欢现职业以至很难舍弃					
C4 现职业提供了机会让我做自己感兴趣的工作					
C5 现职业能使我的工作能力得到较大的提高					
C6 单位给我提供了发展空间，能更好地实现自我价值					
C7 眼前改换职业我要付出的代价太高					
C8 如果离开现职业，会损失许多福利待遇					
C9 譬如住房、孩子入学、离退休保险等					
C10 如果离开现职业会给我的家庭带来损失					
C11 由于受所学专业限制，难以找到更好的职业					
C12 我一旦离开现职业，很可能很难找到别的工作					
C13 干一行就应该爱一行					
C14 我认为接受过某种职业教育或训练的人，应在该职业工作一段时间，以做出相应的贡献					
C15 我觉得有责任继续从事现职业					
C16 即使对我有利，我也不认为离开现职业是正确的					
C17 留在现职业，是因为人人都要忠诚于职业					
……					

三、心理契约

（一）组织责任

下列描述的是单位应该履行的义务。左边请您判断作为您现单位的义务的重要程度，右边表示义务您所在单位对您履行的程度。请选择最合适的等级上用"√"标出

	重要程度						实际履行程度				
	非常重要	很重要	一般	不太重要	不重要		完全履行	大部分履行	一般	小部分履行	根本未履行
S1 提供有竞争力的薪资											
S2 提供完善的福利											
S3 提供住房保障											
S4 帮助教师解决生活中的实际困难											
S5 保障长期稳定的工作											
T6 提高行政管理水平											
T7 制定合理的规章制度											
T8 制定公平、公正的考核晋升机制											
T9 合理安排工作任务											
T10 建立教师工作绩效的反馈机制											
T11 实施公平的奖惩机制											
Z12 提供良好的教学办公条件											
Z13 尊重教师在教学中的自主权											
Z14 配备充分的科研资源											

续表

下列描述的是单位应该履行的义务。 左边请您判断作为您现单位的义务的重要程度，右边表示该义务对您所在单位对您履行的程度。请选择最合适的等级上用"√"标出	重要程度					实际履行程度				
	非常重要	很重要	一般	不大重要	不重要	完全履行	大部分履行	一般	小部分履行	根本未履行
G15 让教师参与自身利益相关的重大决策										
G16 重视教师合理的意见和建议										
G17 尊重教师知情权										
G18 保证信息沟通渠道畅通										
G19 提供学习培训的机会										
C20 支持成长性的工作机会										
C21 支持教师职业生涯规划										
C22 注重教师人才梯队建设										
C23 为科研提供政策制度支持										
C24 建设良好的专业（教学、科研）互动平台										
……										

（二）员工责任

下列描述的是您应该履行的义务。左边请您判断作为教工义务的重要程度，右边表示该义务您的履行程度。请选择最合适的等级上用"√"标出

	重要程度						实际履行程度				
	非常重要	很重要	一般	不太重要	不重要		完全履行	大部分履行	一般	小部分履行	根本未履行
ʲj25 保质保量完成教学任务											
ʲj26 遵守学校规章制度											
ʲj27 遵守教师职业道德，为人师表											
ʲj28 爱护学校公共财产											
ᵍg29 指导学生课外实践											
ᵍg30 培养学生对学科的兴趣											
ᵍg31 与学生建立、保持良好的师生关系											
ᵍg32 关心学生身心健康											
ᵏk33 完成科研任务											
ᵏk34 加强学术研究能力，完善知识结构											
ᵏk35 参加学术交流活动											
ᵏk36 参与科研团队建设											
ᵏk37 配合校院系推进行学科建设											
ʳr38 关心学校发展，参与学校决策											
ʳr39 维护和提升学校声誉											

续表

| 重要程度 | | | | | 下列描述的是您应该履行的义务。左边请您判断作为教工义务的重要程度，右边表示该义务您的履行程度。请选择最合适的等级上用"√"标出 | 实际履行程度 | | | | |
非常重要	很重要	一般	不太重要	不重要		完全履行	大部分履行	一般	小部分履行	根本未履行
					‛r40 创造并维护良好的校园文化					
					‛r41 参加校院系组织的各项教职工活动					
					‛r42 参加教学交流活动					
					‛r43 与领导、同事和睦相处					
					……					

（三）心理契约违背应对方式

在工作中，遇到学校或领导未履行之前承诺或暗示过的事情，你会怎么办？

	完全不可能	不太可能	不确定	比较可能	完全可能
1. 主动与直接领导面谈，直陈自己的感受，暗示或明示自己的需求					
2. 工作投入减少，工作不再那么积极					
3. 不抱怨，寻找自身在工作责任履行上存在的不足，自我反省					
4. 不再对学校或领导抱有希望					
……					

四、组织公民行为

项目	完全不同意	不同意	一般	同意	完全同意
X1 我会主动对外宣传学校的优点或澄清他人对学校的误解					
X2 我积极为学校发展提出合理有效建议					
X3 我会为适应学校发展而努力自我提升					
X4 我积极维护部门或学院的声誉					
X5 我关注所在学科的建设，并积极献言献策					
X6 我会利用个人资源为学校拓展校校或校企关系					
X7 我与学校荣辱与共，愿意为其牺牲个人利益					
T1 我会主动帮助新同事适应工作环境					
T2 我会帮助同事解决生活中的实际困难					
T3 我会帮助同事解决工作中的相关问题					
T4 在需要的时候，我会分担同事的工作任务					

续表

项目	完全 不同意	不同意	一般	同意	完全 同意
T5 我会利用自己的特长帮助同事					
T6 我会协调和同事的关系并与之交流					
T7 我会和同事分享个人工作经验和心得 体会					
T8 为了维护人际和谐，我不计较与同事 间的过节					
S1 我会经常思考改进教学方法或工作方 法，并付诸实施					
S2 我会利用私人时间解答学生学习或生 活相关问题					
S3 我愿意为有益的学生社团活动提供专 业指导					
S4 我会利用个人资源为学生拓展实习或 就业渠道					
……					

五、离职倾向

	题目	完全 不同意	不同意	不确定	同意	完全 同意
离 职 倾 向	B9 我对工作渐渐失去了兴趣和热情					
	B10 我经常想辞去目前的工作					
	B11 假如我继续留在现单位，我的 前景不会好					
	B12 离职对我来说是迟早的事情					
	B13 离职是对自身职业生涯的修正 与完善					
	B14 离职是职业生涯发展遇到阻碍， 不得已而为之					
	B15 当初来现单位就职，就是无奈 之举					

续表

题目		完全不同意	不同意	不确定	同意	完全同意
离职倾向	B16 我现在正在积极寻找新的工作					
	B17 我不赞同"先就业，后择业"的择业态度					
	B18 我所在的工作团队有集体辞职的意向					
	B19 我早已决定一旦有些事情发生（如考取公务员、配偶工作变动等），我就离职					
	……					

第二部分：请您根据自己主观上的感受，对下面所列出的您对自己的认识和对自己所采取的职业生涯管理策略进行评价，请您在符合程度上打分。其中 1 表示"非常不符合"；2 表示"不符合"；3 表示"无法确定"；4 表示"比较符合"；5 表示"非常符合"。我们也将为您的回答保密并及时做出反馈，请放心认真地填写，谢谢！

		1	2	3	4	5
职业探索	A1 我正准备尝试变换工作岗位，以丰富职业经验					
	A2 我正准备尝试一种新的工作，看自己是否合适					
	A3 我经常反思目前的工作是否适合自己					
	A4 我总是积极寻找自己理想的职业					
	……					
生涯规划	A5 我确立了职业生涯发展的长期目标					
	A6 我确立了每个职业生涯阶段的具体目标					
	A7 我制定了职业生涯各阶段发展的具体实施步骤					
	A8 我对自己未来的职业发展有明确的规划					
	……					
专注工作	A9 我不断探索新的工作思路，以提高工作效率					
	A10 我非常注重培养与工作有关的技能					
	A11 我不断充实各方面的知识					
	A12 我能经常对工作中的问题进行思考和研究					

专注工作	A13 我不断改进自己的工作方法					
	A14 我总是主动了解工作有关的信息					
	A15 我总是积极参与公司内部或外派的培训					
	……					
延伸管理	A16 我总是保持良好的心态，快乐工作，享受工作					
	A17 我经常与上下级之间进行有效的沟通交流					
	A18 我能妥善处理与领导、同事及下属的关系					
	A19 我能够做到维护合理平衡职业与生活的关系					
	A20 我总是保持良好的职业道德与职业形象，富有职业责任感					
	A21 我非常注重团队精神，锻炼人际技巧					
	……					
职业竞争力	C1 如果我提出离职，目前单位可能会很舍不得我走					
	C2 组织认为我的技能和经验能为其创造价值					
	C3 我在组织里的发展机会有很多					
	C4 在别的组织，我很容易找到相类似的工作					
	C5 凭我的技能和经验，在目前公司内部，我有很多工作机会可以选择					
	C6 因为我的技能和经验，其他组织比如同行公司会视我为有价值的资源					
	……					
职业满意度	C7 我对我的职业所取得的成功感到满意					
	C8 我对自己为满足总体职业目标所取得的进步感到满意					
	C9 我对自己为满足收入目标所取得的进步感到满意					
	C10 我对自己为满足晋升目标所取得的进步感到满意					
	C11 我对自己为获得新技能目标所取得的进步感到满意					
	……					

关于高校教师职业发展与心理契约的调查问卷（领导卷）

尊敬的女士／先生：

您好！这是来自高校教师职业发展研究小组的问卷。希望能获得您的支持与帮助。调研的目的是了解教师的职业发展现状；以便优化组织人力资源管理理念、为政策制定提供参考。本次调查无需署名，调查结果仅供科研使用，完全保密。答案无对错之分，请在您认为最合适的等级数字或选项上用"√"标出。您的回答对本研究非常重要，请费心填写，谢谢您的合作！

一、个人基本资料。

下面的题目是关于您的基本情况，请您在认为最合适的选项上用"√"标出

您的性别	□女　□男
您的婚姻状况	□单身（未婚）　□已婚　□其他
您的最高学历	□大专及以下　□本科　□硕士　□博士
您的职称	□初级　□中级　□副高　□正高　□其他
您的年龄	□ 20 岁及以下　□ 21 ～ 30 岁　□ 31 ～ 40 岁 □ 41 ～ 50 岁　□ 51 ～ 60 岁　□ 61 岁及以上
您在现单位的工龄	□ 3 年以内　□ 3 ～ 10 年　□ 10 ～ 20 年　□ 20 ～ 30 年 □ 30 年以上
您现工作单位的地域	省市县（市、区）（如：浙江省杭州市西湖区）
您的工作岗位	□校领导　□学院书记　□学院院长　□处长　□系主任 □学工办主任　□办公室主任　□其他（请注明）：
……	

二、下面的题目是关于您的下属的基本情况，请您在认为最合适的选项上打"√"。

（一）职业现状

下列是对您下属职业成长的描述，答案无好坏之分，请在符合您实际情况的选项中打"√"	完全符合	比较符合	不确定	不太符合	完全不符合
Zm1 目前的工作使他离自己的职业目标更近一步					
Zm2 目前的工作与他的职业目标、职业理想相关					
Zm3 目前的工作为他的职业目标的实现打下了基础					
Zm4 目前的工作为他提供了较好的发展机会					
ZN 1 目前的工作促使他掌握新的与工作相关的技能					
ZN 2 目前的工作促使他掌握新的与工作相关的知识					
ZN 3 目前的工作促使他积累了更丰富的工作经验					
ZN 4 他的职业能力得到了不断的锻炼与提升					
ZH 1 在目前单位，他的职称提升可能性很大					
ZH 2 在目前单位，他的薪资继续得到提升的可能性很大					
……					

（二）在工作中，若学校或领导未履行之前承诺或暗示过的事情，您觉得他会怎么办？

	完全不可能	不太可能	不确定	比较可能	完全可能
1.主动与直接领导面谈，直陈自己的感受，暗示或明示自己的需求					
2.工作投入减少，工作不再那么积极					
3.不抱怨，寻找自身在工作责任履行上存在不足，自我反省					
4.不再对学校或领导抱有希望					
……					

三、下属因为学校或领导未履行之前承诺或暗示过的事情产生情绪，您会怎么办？

	完全不可能	不太可能	不确定	比较可能	完全可能
1.主动找下属面谈					
2.更器重，委以重任，以此激励他					
3.寻找自身在工作责任履行上存在不足，自我反省					
4.减少对他的培养					
……					

附录 2　访谈提纲

教工访谈提纲

一、访谈内容

促使您产生离职倾向的关键事件。

您感知到"心理契约违背感"时的心理变化和行为反应。

二、访谈对象

本研究中定义的高校教工

三、结构访谈问题

1. 建立关系

1.1 简单介绍本次访谈的目的及意义。

1.2 记录声明（为了尽量真实地收集第一手资料，在访谈过程中可能会做一些记录，请您确认无误才会放入数据库）。

1.3 您现在的职业是？您从事此岗位多长时间了？

2. 正式问题

2.1 您觉得自己与单位的关系是怎么样的？

2.2 您认为，作为单位的一员，对单位应该做些什么？

2.3 您觉得理想情况下，单位应该为您提供什么？

2.4 是否有印象特别深刻的事情促使您形成要离开单位的念头？请谈谈。

2.5 当您感知到组织没有兑现承诺时，您曾有过什么想法和行为？

2.6 您的谈话对我们的研究很有启发，现在请您再想一下，关于以上的两个问题，您还有什么要补充的？

3. 结束语

谢谢您提供的信息，对我们的研究很有意义，帮助很大。谢谢！

领导访谈提纲

一、访谈内容

1. 促使您的下属产生离职倾向的关键事件。

2. 您感知到下属产生"心理契约违背感"时，您会采取什么行为反应？谈话谈心、批评教育，或是其他？

二、访谈对象

本研究中高校教师的直接领导

三、结构访谈问题

1. 建立关系

1.1 简单介绍本次访谈的目的及意义。

1.2 记录声明（为了尽量真实地收集第一手资料，在访谈过程中可能会做一些记录，请您确认无误才会放入数据库）。

1.3 您对您的这位下属的整体评价如何？

2. 正式问题

2.1 您觉得自己与这位下属的关系是怎么样的？

2.2 您认为作为领导，应该为构建下属的心理契约做哪些努力？

2.3 您觉得理想情况下，学校应该为教师提供什么？

2.4 是否有印象特别深刻的事情促使您的下属形成要离开单位的念头？请谈谈。

2.5 当您的下属感知到组织没有兑现承诺时，他曾有过什么想法和行为？

2.6 您的谈话对我们的研究很有启发，现在请您再想一下，关于以上问题，您还有什么要补充的？

3. 结束语

谢谢您提供的信息，对我们的研究很有意义，帮助很大。谢谢！

致谢

本书选题与自身的职业困惑息息相关。生活是最好的老师，在苦与乐中启迪我思考。

回忆起在科研路上的每一点成长和提高，我都不能忘记那些对我有深刻影响以及帮助和关心过我的人，借此机会，我要向他们表示最诚挚、最深切的感谢。

首先，我要深深地感谢我的硕士生导师金杨华、余琛。本研究的顺利完成，得益于两位老师的大力支持和悉心指导。在研究课题选题、设计等各个环节上，两位老师都严格把关，并倾注了大量的时间和精力。

参加工作的近二十年里，许多领导和师长将我逐步引入了科学研究的殿堂，他们谦和的待人风格、严谨的治学态度、宽广的胸怀、正直的人品都对我产生了深刻的影响。省教育厅宣教处处长陈雷是我的良师，他带领我们开展高校大学生心理健康研究，使我开阔了眼界，提升了业务水平。省教育厅原学生处处长徐建农是我职业初期的领路人，感谢他给我锻炼的机会，让我有幸参与全省大学生就业质量调研工作，对大学生就业创业的现状有更深的思考和真切的感受。工作中的几位领导对我的成长给予了无私的帮助，他们是杜天笋处长、盛玲书记、陈晏处长、卢真金处长、吴卫东处长、张伟慷书记、顾黎明处长、黄莺副主席、高亚兵教授、陈晏处长等。校内外的不少专家也是我科研路上的良师益友，他们是：宣勇教授、张环宙教授、李春玲教授、曹立人教授、邱瑾教授、陈利强教授、胡浙平教授、朱仁宝教授、钭利珍教授、蒋志萍教授、周彩英教授、阮建苗教授等。需要感谢的人不胜枚举。再次一并感谢！

另外，我要感谢我的领导、同事、同学、朋友们，他们在我的论文构思和问卷分发上给予了很大的帮助。感谢学校科研处的老师们，在课题申报和结题过程中都悉心指导，并积极主动帮助我联系出版社。感谢浙江工商大学出版社的老师们为本书的出版倾注了心血。

最后，我要特别感谢我的家人，他们一直是我前进的动力，是我幸福感和安全感的根本来源。父母和先生默默支持我，他们主动承担了很多家务与育儿责任，为我节省出写书、做科研的宝贵时间，让我自由做自己喜欢的事情。我的孩子们也是支持我坚持完成此书的重要精神动力。

2017年立项至今，五年来我在完成学校本职工作之余，时时刻刻告诉自己，高校普通的基层行政人员也可以做科研。科研就是发现问题，产生疑惑，调研情况，分析问题的过程。我在大四时，主持了第一个校级课题。从此，我便对科研产生了浓厚的兴趣。怀老大的时候我考取了国家高级职业指导师证书；怀老二的时候拿到了第一个厅级课题。漆黑静谧的夜色中，我坐在电脑前，一手怀抱未满月的孩子哺乳，一手在键盘上打字。蓝莹莹的电脑屏幕那边，是一个自由自在的世外桃源，那里水草肥美。寒暑假接送孩子兴趣班的时候，我都会背上笔记本电脑，争分夺秒地写上几段文字或是分析一批数据。我几乎抓住所有可以利用的时间来写书。此书的撰写过程就像是孕育了第三个孩子，凝结了数年来的心血与职场感悟。其中苦乐，自有体会。

寥寥数语难以表达感激之情，唯有在今后的人生中更勤恳更坚毅，坚持做一个乐观且勇敢、勤勉且豁达的人。

邹蕾

2021年12月

杭州